재즈

차례

Contents

재즈와 즉흥 연주

재즈는 다른 어떤 음악보다도 새로움을 추구하는 음악이다. 그래서 재즈는 같은 곡을 연주하더라도 매번 똑같이 연주하지 않는다. 이처럼 재즈가 늘 새로운 느낌을 주는 것은 즉흥 연주(Improvisation) 때문이다. 즉흥 연주는 재즈를 정의할 때 빠뜨릴 수 없는 기본 조건 중의 하나이다. 지금까지 진행된 재즈의 역사가 즉흥 연주를 중심으로 진행되었다고 해도 과언은 아닐 것이다.

그런데 많은 사람들은 즉흥 연주를 말 그대로 아무렇게나 연주하는 것으로 이해하고 있다. 그러나 재즈의 즉흥 연주는 재즈를 처음 듣는 사람들에게 있어 난잡한 소리의 향연으로 들릴 수 있겠지만, 분명 엄밀하고 정치한 내적인 방법론에 의해 진행된다. 아무렇게나 되는대로 연주하는 것은 극히 최근에 일어난 재즈의 한 흐름일 뿐이다.

재즈는 뉴 올리언즈-스윙-비밥-쿨-하드 밥-프리-퓨전으로 이어지는 변화를 겪으며 즉흥 연주의 가능성을 조금씩 넓혀왔다. 음악적으로만 본다면 이러한 재즈 사조의 흐름 중 한두 단계를 건너 뛴 변화가 가능했을지도 모른다. 비밥에서 곧장 프리 재즈의 단계로 넘어가는 것처럼 말이다. 실제로 재즈 역사상 몇몇 연주자들은 두세 단계를 앞서가는 연주를 펼치기도 했지만 제대로 주목받지 못하고 사라졌다가 사후에 재조명되곤 했다. 한 예로 쿨 재즈를 이야기할 때 언급하게 될 피아노 연주자 레니 트리스타노(Lennie Tristano)는 1949년에 녹음한 앨범 『Intuition』에서 프리 재즈를 연상시키는 자유로운 형식의 즉흥 연주를 시도했다. 그러나 그의 새로운 시도에도 불구하고 재즈의 역사는 앞서 나열한 대로 진행되어 왔다. 왜일까? 그것은 재즈의 역사가 자유와 새로움을 추구하는 동시에 익숙함을 확장하는 방향으로 진행되었기 때문이다.

이해를 쉽게 하기 위해 재즈 피아노를 막 배우기 시작한 사람을 생각해 보자. 그는 반주와 테마 정도를 아주 자유롭게 연주할 수 있다. 이런 그가 가르침을 받고 가벼운 즉흥 연주를 시도한다. 그러나 그는 연주를 앞으로 진행시키지 못한다. 왜냐하면 그가 이론에 맞추어 선택한 음들이 직접 연주할 때에는 곡에 어울리지 않는 느낌을 주기 때문이다. 이와 마찬가지로 연주자들 역시 즉흥 연주를 처음 시도할 때는 감상자들처럼, 무엇인가 어울리지 않는다는 느낌을 받는다. 이런 낯섦에 익숙해진 다음에야 보다 더 새로운 즉흥 연주를 펼칠 수 있는 것이다.

이처럼 재즈의 역사는 새로움과 익숙함의 점진적인 확장의 과정으로 이해할 수 있다. 그러면 이제 구체적으로 재즈와 그 즉흥 연주가 어떠한 방식으로 변화해 왔는지, 그 점진적인 익숙함의 확대는 어떤 식으로 진행되었는지 자세히 살펴보도록 하자. 그리고 이러한 개괄을 통해 재즈 감상의 올바른 방법을 찾아보자.

재즈의 초기 시절

싱코페이션의 음악 랙타임

재즈는 상이한 여러 음악 요소들이 만나 자연스럽게 형성된 것이다. 그중 재즈의 탄생에 영향을 준 여러 요소들로 보통 블루스, 흑인 영가, 그리고 랙타임(Ragtime)을 꼽는다. 이 가운데 랙타임은 경우에 따라서 재즈의 초기 형태로 언급되곤 하는데, 이는 초기 뉴 올리언즈 재즈를 연주했던 연주자들 가운데 다수가 랙타임을 연주했던 경력을 갖고 있기 때문이다. 그러나 랙타임은 재즈라 하기에 어려운 부분이 많다. 만약 랙타임을 재즈로 생각할 수 있다면, 지금처럼 재즈에 대한 개념이 많이 넓어지고 그만큼 재즈를 구분하는 기준의 잣대가 희미해진 상황에서나 가능한 일이다.

랙타임이 재즈로 인정받지 못하는 것은 연주에 재즈의 일반적인 연주방식인 변주가 아닌, 클래식에서의 해석적 연주를 요구했기 때문이다. 다시 말해 랙타임에서는 즉흥 연주가 고려되지 않았다. 모든 연주자들이 그저 악보에 씌어진 대로만 연주했을 뿐이다. 그럼에도 불구하고 랙타임을 재즈사의 밖에 방치할 수 없는 것은 비록 작곡 단계에서 기획된 것이라 할지라도 이때부터 리듬의 차원에서 내적인 변주가 등장했기 때문이다. 즉, 기존과 다른 새로운 리듬 연주 스타일이 랙타임을 통해 시작된 것인데, 이것이 바로 싱코페이션(Syncopation)이다.

싱코페이션을 쉽게 설명한다면, 박자에 센박(통상 1박과 3박)과 여린박(2박과 4박)이 있다고 할 때 이 강약 관계를 역전시키는 것이다. 기타를 예로 든다면 기타 연주자는 보통 아래 방향으로 줄을 긁고 내렸던 힘을 이용해 다시 탄력 있게 위 방향으로 줄을 긁어 나가기를 반복하는 연주를 한다. 이때 아래로 줄을 긁을 때가 위로 줄을 긁을 때보다 더 쉽게 힘이 가해지는데, 이로 인해 상대적으로 1박과 3박에서 더 강한 느낌이 난다. 우리가 보통 단순한 리듬을 목소리로 표현할 때 '쿵짝쿵짝'이라고 하는 것을 생각해 보면 잘 이해될 것이다. '쿵'에 더 많은 힘이 들어가지 않는가? 그러면 반대로 기타 줄을 위 방향으로 긁을 때 보다 더 큰 힘을 가하는 경우를 생각해 보자. 분명 같은 악보의 연주라 할지라도 그 느낌이 다를 것이다.

다르게 한번 생각해 보자. 두 사람이 마주보고 노래를 부르면서 한 사람이 규칙적인 박수를 친다. 그리고 다른 한 사람이 그 박수의 사이사이에 보다 더 큰 힘으로 엇갈린 박수를 친다. 그러면 첫 번째 사람의 박수 사이로 들리는 두 번째 사람의 박수 소리가 엇갈린 듯한 느낌의 리듬감을 만들어낼 것이다. 이와 같은 박자의 강약 전환이 싱코페이션이다.

그러나 재즈에서의 싱코페이션은 이처럼 단순한 강박과 약박의 교환에 의해 이루어지는 것이 아니다. 재즈는 1·3박과 2·4박 간의 상대적 강약 교환뿐만 아니라, 박자 그 자체에 악센트를 주지 않고 바로 그 전이나 앞에 둠으로써 엇갈림을 연출한다. 이러한 엇갈림은 어느 정도의 규칙이 있는 것도 아니고 오직 연주자의 감각에 의존하는 것이기 때문에 명확히 표현하기는 힘들다.

한편 싱코페이션은 리듬뿐만 아니라 멜로디에서도 나타날 수 있다. 쉬운 예로 '학-교-종-이-땡-땡-땡'이라고 노래를 한다고 생각하자. 이때 멋을 부리는 사람들은 종종 '(아)학-교-종-이-땡-땡-땡' 하는 식으로 첫 번째 음 '학'을 노래할 때 흥을 돋구는 '아'를 처음에 짧게 발음하고 노래를 시작하곤 한다(이 흥을 돋우기 위한 약간의 변주가 싱코페이션에 대한 이해가 없어도 가능한 것은 그만큼 싱코페이션이 인간의 본능적인 것이기 때문이다). 그런데 만약 '아'라는 발음을 하지 않고 그만큼 쉬고 나서 '학'을 발음한다고 하자. 이 경우 '학'은 정해진 박 뒤에 들리면서 음악적 긴장을 유발한다. 다음으로 '교'의 음가를 조금 줄이고 그만큼 '종'을 당겨서 노래해 보자. 이 역시 원곡과는 다른 긴장감을 만들어낼 것이다. 이처럼 정해진 자리보다 앞서거나 뒤서는–밀거나 당긴다고도 표현한다–음들이 복합적으로 나타나면 곡에 새로운 느낌이 부여된다.

그런데 이런 멜로디에 대한 싱코페이션은 감상자가 이미 멜로디를 충분히 알고 있다는 것을 전제로 한다. 즉, 이미 알고 있는 멜로디가 싱코페이트(Syncopate)되면서 색다르게 변주된다는 것을 인식할 때 곡의 긴장이 느껴지는 것이고, 이를 통해 음악적 신선함을 느낄 수 있는 것이다. 만약 감상자가 '학교종이 땡땡땡'의 원래 멜로디를 모른다면 싱코페이트된 멜로디가 진정 싱코페이트된 것인지 알 수 없을 것이다. 이는 매우 중요한 점을 시사한다. 즉, 재즈가 무작정 즉흥 연주를 펼치는 것을 목적으로 하는 것이 아니라 그 자유를 획득하게 만드는, 그러니까 해방을 위해 노력해야 할 대상을 전제로 한다는 사실이다. 리듬의 싱코페이션도 마찬가지이지만 멜로디의 싱코페이션과 달리 어느 곡이든 내외적으로 기본적인 박자가 제시되기 때문에, 처음 듣는 낯선 곡이라도 싱코페이션을 인식하고 여기에서 오는 긴장을 느낄 수 있다.

랙타임의 싱코페이션에서는 리듬의 싱코페이션이 강하게 드러난다. 이에 비해 멜로디에서의 싱코페이션은 전무하다고 할 수 있는데, 이것은 모든 곡들이 원곡에 대한 변주가 아닌 작곡된 상태 그대로 연주되었기 때문이다. 즉, 싱코페이션을 판단할 수 있는 기준 멜로디가 따로 있지 않았다는 것이다. 이처럼 아직까지 랙타임은 고대부터 내려오는 악보를 해석하는 연주의 범주 안에 머무르는 것이었다.

일반적으로 연주자들은 악보에 씌어진 대로 연주를 하려고 노력한다. 만약 연주자들에게 자율성이 있다면 전체 곡의 진행 속도라든가 아니면 연주자의 연주 습관에서 발생하는 강약 조절 정도일 것이다. 물론 이 역시 같은 곡에 대한 다른 연주자들의 연주와 비교했을 때 알 수 있는 것들이다. 즉, 한 연주자의 연주에서 리듬이나 강약 관계 등은 악보에 제시된 대로 유지된다는 것이다. 예로 A라는 가수는 '학교종'을 1분 동안 노래하고 B라는 가수는 50초 동안 노래한다고 했을 때, 두 가수의 노래 시간에는 차이가 있지만 각 노래 안에서 박자, 선율을 구성하는 음들의 관계는 변함이 없다. 사실 악보는 연주로 실현된 것이 아니기 때문에 연주자마다 차이가 있는 것은 당연하다. 만약 그 악보에 속도나 세기의 표시가 없다면 그 차이는 더할 것이다. 그럼에도 한 곡 내에 정해진 음악적 규칙들은 하나의 연주 안에서만큼은 유지될 것이다. 그러므로 연주자 간의 차이는 곡에 대한 변주가 아닌 악보를 읽는 사람의 견해 차이, 즉 해석의 차이에 지나지 않는다. 그래서 클래식을 악보에 대한 해석의 음악이라고 하는 것이다.

이에 비해 재즈는 악보에 대한 변주의 음악이라고 할 수 있다. 재즈 연주자들은 기본적으로 곡의 구조 자체에 많은 변화를 가한다. 그러나 랙타임이 비록 귀족사회에서 향유되었던 기존의 교과서적인 클래식에 반기를 들고 싱코페이션 같은 리듬의 새로운 운용을 통해 보다 서민적이고 자유로운 분위기를 만들어냈다 하더라도, 그것은 어디까지나 기획된 음악이었다. 그러므로 랙타임을 재즈의 탄생에 영향을 준 음악으로 인정할 순 있지만 재즈의 시작이라고는 말할 수 없는 것이다.

그러면 즉흥 연주는 어떻게 생겨났을까? 즉흥 연주의 시작은 매우 단순하다. 예로 누구나 한 번쯤 출퇴근 길에 어떤 멜로디를 무의식적으로 반복하여 흥얼거리다가 어느 순간 저절로 멜로디를 조금씩 바꾸었던 경험을 갖고 있을 것이다. 이를 즉흥 연주의 가장 기본적인 시작이라 할 수 있다. 보통 초기 재즈 연주자들은 랙타임 연주로 음악활동을 시작한 경우가 많았고, 이 랙타임을 기반으로 새로운 스타일을 창조해 나갔다. 이러한 새로운 스타일, 새로운 연주에 대한 욕구는 기존 스타일의 익숙함을 통해 시작되었다. 랙타임 연주자들은 같은 곡을 아주 오랫동안 연주하곤 했기 때문에 악보 없이 연주할 수 있을 정도로 전곡을 외우는 지경에까지 이르렀다. 연주자나 감상자에게 선율이 익숙해진다는 것은 그 곡의 전반적인 구조를 조망할 수 있다는 것을 의미한다. 이 경우 조금이라도 창조적인 능력, 영감이 있는 연주자, 혹은 최소한 작곡에 대한 강한 욕구를 지닌 연주자라면 이 익숙한 멜로디의 반복 연주에서 즉흥적으로 새로운 멜로디나 연주의 아이디어가 떠오를 것이다. 그러한 새로운 부분을 곡에 첨가하기 시작하면서 멜로디는 싱코페이트되고 나아가 이를 기반으로 하는 즉흥적인 연주가 가능하게 된 것이다. 그러면서 한편으로 새로운 연주 스타일도 만들어지게 되는데, 그것이 바로 스트라이드(Stride)와

부기우기(Boogie Woogie) 피아노 스타일이었다.

뉴 올리언즈 재즈

랙타임이 재즈의 전신으로 재즈의 탄생에 큰 영향을 주었다면 뉴 올리언즈(New Orleans) 재즈는 재즈의 가장 초기적인 형태로 인식된다. 그리고 이때부터 재즈에서 즉흥 연주가 제대로 드러나기 시작했다. 뉴 올리언즈 재즈는 1920년대부터 시작된 것으로, 단지 뉴 올리언즈에서만 연주되었던 재즈를 의미하지 않는다. 뉴 올리언즈 출신의 재즈 연주자들은 고향을 떠나 시카고를 거쳐 뉴욕에 정착하는 과정을 거치면서 지역성을 극복하고 미국 전체에 뉴 올리언즈 재즈를 파급시켰다. 그래서 뉴 올리언즈 재즈는 한 지역이 아닌, 1900년대 초반의 미국 음악을 지칭한다.

뉴 올리언즈 시대의 밴드 편성은 코넷, 클라리넷, 트롬본 등 주선율을 연주하는 악기와 기타나 벤조, 콘트라베이스나 튜바, 그리고 간단한 드럼 세트 등의 리듬 악기로 구성되었다. 한 가지 특이한 사실은 밴드에 피아노가 포함되지 않았다는 것이다. 이는 뉴 올리언즈 이전에 거리에서 연주했던 행진 밴드의 전통 때문이었는데(크기와 무게가 큰 피아노를 이동하며 연주한다는 것은 불가능한 일이다), 그래서 피아노는 행진 밴드의 유행이 사라질 때까지는 솔로 연주가 주를 이루었다.

뉴 올리언즈 시대의 즉흥 연주는 집단 즉흥 연주의 형태를 띤다. 집단 즉흥 연주라는 표현에서 1960년대 프리 재즈가 사용했던 총체적 집단 즉흥 연주를 떠올릴 수도 있겠는데, 혼란을 피하기 위해 뉴 올리언즈 재즈에서의 '집단'이라는 단어의 의미를 먼저 살펴보자. 뉴 올리언즈 재즈에서의 '집단'이란, 리듬 섹션 악기를 제외한 악기, 그러니까 선율 악기들의 집합을 의미한다. 따라서 뉴 올리언즈 재즈의 집단 연주는 리듬 섹션의 안정적인 반주를 전제로 한 선율 악기들의 동시 즉흥 연주인 것이다. 이처럼 리듬의 안정적인 진행을 기반으로 하고 있기 때문에 선율 악기들의 집단적 즉흥 연주는 프리 재즈만큼 혼란스럽지 않았다.

그렇다면 뉴 올리언즈의 즉흥 연주는 왜 집단 즉흥 연주의 형태를 띠었을까? 이는 악보 상태의 곡 자체가 밴드 연주를 하기에 불완전했다는 데에서 그 이유를 찾을 수 있다. 다시 말해 기본적인 곡은 있었지만 각 악기별로 역할을 분배해 주는 체계적인 편곡이 완전하게 존재하지 않았던 것이다. 따라서 각 연주자들은 연주를 하면서 자신들의 자리를 찾으며 동시에 곡을 완성시켜 나가야 했다.

이 당시의 집단 즉흥 연주에는 언제나 테마 멜로디를 연주하는 리드 악기가 있었다. 이 역할은 주로 코넷이 담당했다. 그리고 클라리넷이나 트롬본 같은 악기들은 코넷의 멜로디 연주에 맞추어 각자에게 맞는 음역대에서 즉흥적으로 대위(對位)적인 멜로디 연주를 만들어 나갔다. 따라서 뉴 올리언즈 시대의 즉흥 연주는 한 연주자의 솔로 연주보다는 혼 악기에 의해 연주되는 전체 멜로디 파트의 조화가 더 두드러지게 나타난다. 연주자들에게도 즉흥 연주보다는 어떻게 다른 악기들과 교감을 주고받으면서 조화로운 음악을 만들어내는가가 더 중요한 관심사였다.

이렇게 즉흥 연주보다 전체의 조화에 더 중점을 두고 있지만, 뉴 올리언즈 재즈가 악보보다는 그 자리에서 즉흥적으로 하나의 곡을 완성해 나가는 연주를 펼쳤다는 것은 분명 중요시해야 할 부분이다. (즉, 뉴 올리언즈 재즈부터 원곡을 그대로 연주하는 것보다는 연주자에 따라 변화 가능한 독창적 연주에 더 무게가 실리게 되었다는 것이다.)

한편 뉴 올리언즈 재즈의 집단 즉흥 연주는 특유의 쾌활하고 흥겨운 분위기로 인해 많은 인기를 얻었다. 또한 돌발적인 즉흥 연주 뒤에 안정적인 리듬이 존재했기에, 대중들은 춤을 추는 음악으로 뉴 올리언즈 재즈를 환영했다.

루이 암스트롱

한편 집단 즉흥 연주에서 하나의 솔로 악기가 즉흥 연주를 펼치고 다른 악기들이 이를 반주하는 형식이 자리잡게 된 것은 루이 암스트롱(Louis Armstrong)에 의해서였다. 일반적으로 많은 사람들은 루이 암스트롱을 뉴 올리언즈 재즈 시대의 인기 있는 엔터테이너로 생각하는 경향이 강하다. 그러나 루이 암스트롱이 인기를 얻었던 이유는 훌륭한 무대 매너 외에도 뛰어난 연주 실력과 독창적인 노래 실력, 그리고 밴드를 리드하는 탁월한 능력이 있었기 때문이다.

루이 암스트롱은 집단 즉흥 연주에서 개인 즉흥 솔로로 연주의 패턴을 바꾸었다. 즉흥 연주의 방식이 개인 솔로로 변환되자 즉흥 연주자는 더 이상 다른 악기들과의 관계에 신경 쓸 필요가 사라졌다. 다시 말해 진정한 독주자 중심의 즉흥 연주가 가능해진 것이다. 한편 루이 암스트롱은 자신의 즉흥 솔로 연주에 극적인 느낌을 불어넣었다. 그래서 그의 솔로는 흥겨운 리듬 섹션의 반주에 맞추어 밝고 쾌활하게 진행되었지만, 그 안에는 내적인 '긴장의 발생-그 긴장의 절정-강렬한 긴장의 해소'로 이루어진 특유의 흐름이 존재했다. 게다가 그는 같은 멜로디를 연주하더라도 악기에 내재된 다양하고 풍부한 톤을 사용하여 보다 더 새로운 느낌을 주었다. 이것은 정도와 기법에 차이는 있겠지만 지금의 즉흥 연주에서 사용하는 방법의 전부라 할 수 있는 것이다.

이처럼 루이 암스트롱은 진정한 의미에서 첫 번째 즉흥 연주의 대가였다. 따라서 그를 '두비루바~'하는 식의 스캣(Scat) 창법의 창시자로만 생각하는 것은 – 이 역시 트럼펫 연주 이상의 뛰어난 독창성과 즉흥성을 보여주었지만 – 루이 암스트롱의 중요한 본질을 무시하는 것이다.

스윙 : 대중을 위한 흥겨운 재즈

현재 재즈는 분류상으로는 대중음악의 범주에 포함되고 있지만, 실제로는 대중성을 말하기가 매우 모호한 위치에 있다. 왜냐하면 현재 재즈라는 하나의 음악이 아우르고 있는 음악적 경향의 스펙트럼이 너무 넓기 때문이다. 한 예로 아방가르드(Avant-Garde) 재즈는 재즈를 오래 들어온 감상자에게도 결코 쉬운 것이 아니다. 반면 퓨전 재즈(Fusion Jazz)나 스무드 재즈(Smooth Jazz)는 너무 대중적이기에 그 예술적 가치를 제대로 인정받지 못하고, 대중성만을 추구하는 싸구려로 인식되곤 한다. (사실 이것은 그릇된 것이다. 잘 만들어지고 연주된 곡과 그렇지 못한 곡은 있을 수 있지만, 무조건 수준 높은 음악 스타일과 무조건 수준 낮은 음악 스타일은 있을 수 없기 때문이다.) 이러한 상반된 음악들이 재즈라는 테두리 안에 공존하고 있기 때문에, 지금은 재즈를 좋아한다고 해서 무조건 같은 음악적 취향을 가졌다고 말하기가 곤란한 상황에 이르렀다.

그러나 1930년대는 지금보다는 훨씬 더 재즈에 대한 개념이 명확했다. 이 당시에는 연주자나 감상자들 모두에게 재즈는 곧 대중음악이라는 인식이 퍼져 있었으며, 그 스타일도 지금에 비해 일관적이었다. 현재 그 성향의 모호함에도 불구하고 명목상으로나마 재즈가 대중음악으로 분류되는 이유는 바로 1930년대의 기억 때문이다. 그만큼 1930년대의 스윙(Swing) 재즈는 현재 우리가 사용하는 '팝(Pop) 음악'이라는 표현을 대신하기에 충분했다.

흥겨운 스윙감

스윙 재즈는 대중적 환호를 기반으로 뉴 올리언즈 재즈에서 태동되었던 여러 경향들을 확고히 재즈적인 것으로 만들었다. 그러나 즉흥 연주는 아직까지 대중적인 관심을 끌 정도로 재즈를 지배하지 못했다. 이 당시 재즈적인 요인을 결정짓는 우선 요소는 바로 스윙감이었다. 이는 일반적으로 감상자가 음악을 듣고 저절로 흥에 겨워 박수를 치거나 몸을 움직여 춤을 추고 싶은 욕구를 느끼게 하는 것을 의미한다. 이런 느낌은 비단 재즈뿐만 아니라 다른 장르의 음악에서도 충분히 느낄 수 있는 것이다.

그러나 재즈에 한정해서 생각해 본다면, 재즈적 스윙감을 일으키는 여러 요인들 가운데 가장 중요한 것으로 (이미 랙타임을 이야기하면서 언급했던) 박자를 당기거나 미는 식의 싱코페이션이 가미된 리듬 연주를 들 수 있다. 이러한 싱코페이션 연주는 악보로 명확히 표현하기가 매우 어렵다. 왜냐하면 그 밀고 당김의 정도가 명확하지 않기 때문이다. 그리고 박자를 분할함에 있어서도 재즈는 정석대로 박자를 절반으로 나누지 않는데, 재즈의 박자 분할은 2등분보다는 3등분에 가깝다.

이러한 박자의 분할과 싱코페이션은 리듬에 긴장과 이완을 불규칙적으로 부여하여 음악을 생동감과 활기로 가득하게 만든다. 그리고 감상자는 이 리듬을 듣고 흥겨워 박수를 치거나 춤을 춘다. 이렇게 만들어진 것이 바로 재즈적인 의미에서의 스윙이다. 이런 스윙감은 1930년대에 가장 발달했고, 이후의 재즈에서도 오랫동안 재즈를 구별하는 기준의 하나가 되었다.

이처럼 스윙 재즈는 무엇보다 리듬의 스윙감을 중요하게 생각했다. 그래서 대중들은 댄스홀에서 춤을 추기 위한 음악으로 스윙 재즈를 환영했다. 즉, 많은 사람들은 집이 아닌 댄스홀에서 춤을 추며 스윙 재즈를 몸으로 느꼈던 것이다.

편곡 중심의 빅밴드 연주

이처럼 춤을 위한 용도로 음악이 만들어지고 연주되었기 때문에 밴드의 편성은 많은 대중을 압도할 만한 음량을 요구하게 되었다. (현재 나이트클럽 등에서 옆 사람의 말이 들리지 않을 정도로 높은 출력의 사운드를 사용하는 것을 생각하면 쉽게 이해된다.) 그러나 지금처럼 출력을 증폭시키는 기술적 자재들이 없었던 만큼 연주자의 숫자를 늘리는 것만이 최선의 방법이었다. 그래서 뉴 올리언즈 시대의 소규모 편성은 스윙 시대에 이르러 10명 이상의 연주자로 구성된 대규모 편성으로 바뀌게 되었고, 때문에 스윙 시대를 빅밴드(Big Band)의 시대라고 말하기도 한다. 그중 많은 인기를 누렸던 빅밴드로는 플레처 헨더슨(Fletcher Henderson), 듀크 엘링턴(Duke Ellington), 카운트 베이시(Count Basie) 등의 오케스트라를 꼽을 수 있다.

이러한 빅밴드는 여러 연주자들로 이루어져 있었던 만큼 개별 연주자들이 어떻게 조화롭고 다채로운 사운드를 만들어 내는가가 연주의 주된 관심사였다. 때문에 편곡이 작곡만큼 중요하게 인식되었다. 이것은 재즈가 원곡으로부터 보다 더 자유로워짐을 의미한다. 그래서 대부분의 편곡은 원곡의 분위기와 상관없이 편곡자의 독창적 사고에 의해 전혀 다른 분위기의 곡으로 탈바꿈되곤 했다. 그리고 그 편곡은 빅밴드의 악기 편성이나 수석 연주자의 역할에 따라 많은 영향을 받았다. (예로 듀크 엘링턴은 편곡을 할 당시 수석 연주자의 연주 스타일이나 능력을 고려했던 것으로 유명하다.) 한편 이러한 편곡은 따로 편곡자가 있는 경우도 있었지만 유명 빅밴드에서는 주로 리더가 담당했다.

스윙 시대의 편곡은 피아노, 기타, 베이스, 드럼으로 구성된 리듬 섹션을 안정적으로 배치시키고, 그 위에 여러 개의 파트로 분할된 브라스 섹션(Brass Section)과 솔로 섹션의 합주와 교차 연주를 구성하는 것으로 이루어졌다. 그리고 하나의 섹션 내에서 각 혼 악기들은 유니즌(Unison, 같은 높이의 음을 함께 연주하는 것)으로 연주하거나 멜로디를 중심으로 그 멜로디를 감싸는 코드 톤(예를 들면 C코드의 도-미-솔)을 각 악기나 파트별로 나누어 연주함으로써(예를 들어 A섹션의 트롬본은 도, 색소폰은 미, 트럼펫은 솔) 전체적으로 화음의 조화를 이루는 풍성한 사운드를 만들어낼 수 있었다. 이러한 연주를 하는 몇 개의 섹션들이 편곡자가 의도한 순서에 의해 동시에 연주하거나 연주를 주고받음으로써, 많은 연주자들로 이루어진 빅밴드는 안정감과 일체감을 바탕으로 감상자를 압도하는 거대한 사운드를 만들어낼 수 있었다.

소극적인 즉흥 연주

이와 같은 대편성에서는 각 파트 간의 조화로운 연주가 중요시되었기 때문에 즉흥 연주는 상당히 위축될 수밖에 없었다. 뉴 올리언즈 시대의 집단적 즉흥 연주도 스윙 시대에는 들을 수가 없었다. 그렇다고 해서 스윙 시대에 즉흥 연주가 전혀 없었던 것은 아니다. 대부분의 빅밴드에는 수석 연주자가 있었는데 각 빅밴드의 리더들은 이 수석 연주자들을 위해 즉흥 연주가 가능한 공간을 만들어 놓았다. 그러나 그 길이는 무척이나 짧았으며－당시 SP 음반의 수록 가능 시간이 3분대였기 때문에 대다수의 스윙 곡들은 이 시간을 고려하여 연주되었다 －즉흥 연주도 테마를 크게 벗어나지 않는 것이었다. 이들 즉흥 솔로 연주들은 주로 뉴 올리언즈 재즈에서처럼 테마의 멜로디를 살짝 변주하는 식의 파라프레이즈(Paraphrase)나, 테마를 구성하는 음들의 길이를 바꾸고 몇 개의 코드음을 첨가하여, 새로운 느낌 속에서도 테마와의 관련성이 드러나는 프레이즈로 구성되었다. 다시 말해 이 당시의 즉흥 연주는 여러 대중음악에서 1절의 노래가 끝나면 등장하는 간주에서의 솔로－보통 애드리브(Adlib)라고 하는－연주만큼이나 테마에 종속된 경향이 강했다.

재즈의 즉흥 연주는 어디까지나 설정된 제약을 기준으로 그 제약을 벗어나고 다시 그 제약의 틀 안으로 돌아오는 형식으로 이루어진 것이다. 현재의 입장에서 보면 테마와의 밀접한 관련성, 리듬에의 순종이라는 스윙 시대의 제약은 연주자들에게 가혹했던 것인지도 모른다. 따라서 스윙 시대에 즉흥 연주로 자신의 색깔을 드러낸다는 것은 어쩌면 보다 더 많은 연주의 자유가 보장된 지금의 재즈 환경에서보다 더 어려운 고난도의 기술을 요하는 것일 수 있다. 그러나 이러한 제약 속에서도 자니 허지스(Johnny Hodges), 콜맨 호킨스(Coleman Hawkins), 베니 카터(Benny Carter), 레스터 영(Lester Young) 등의 많은 스윙 재즈 연주자들은 훌륭한 즉흥 연주를 통해 자신들의 개성을 자유롭게 드러냈다.

스윙에 대한 오해

춤을 위한 대중적, 상업적 음악이었기 때문에, 그리고 즉흥 연주가 비교적 단순했기 때문에, 어쩌면 많은 재즈 애호가들은 이 시대를 다소 예술성이 부족했던 시대로 생각할지도 모르겠다. 그러나 이는 큰 오해에 지나지 않는다. 분명 재즈가 댄스클럽에서 더 많이 연주되었고, 대중들은 감상 이전에 몸으로 느끼고 춤을 추는 것을 우선으로 여겼지만, 그 와중에도 많은 빅밴드 연주자들은 새로운 연주 가능성에 대한 탐구를 계속했었음을 인식해야 한다. 이것은 현재까지 남아 있는 많은 빅밴드의 음악들을 통해 확인할 수 있는데, 실제 그 당시 정말 순수하게 춤이라는 용도에만 충실했던 음악들은 스윙의 황금기가 사라지면서 함께 사라져 갔지만, 많은 음악적 고민이 수반되었던 연주들은 아직까지는 감상용 음악으로 남아 있다.

한편 이러한 즉흥 연주에 대한 몰이해는 연주자의 입장에서가 아니라 어디까지나 대중의 입장에서였다. 무엇보다 대중은 주로 춤을 추기 위해 스윙 음악을 들었기 때문에 그들의 귀에는 언제나 리듬과 흥겨움을 일으키는 브라스 섹션들의 호흡이 우선적으로 들렸을 뿐이지 즉흥 연주자들의 솔로는 그 다음이었다. 즉, 아직까지 즉흥 연주의 진가에 대해서 대중은 무지했던 것이다. 대중의 이러한 태도는 당시 대공황기를 겪고 있었던 미국의 사회 상황과도 관련이 있다. 사람들은 경제적으로 어려울 때 괴로움을 잊고 춤을 추고 싶어 했다. 여기에 가정용 오디오 기기의 부족한 보급 상황은 스윙 재즈를 감상 음악 이전에 춤을 위한 음악으로 흐르게 만들었다.

스탠더드 레퍼토리의 확립

이렇게 즉흥 연주가 그리 중요하게 부각되지 않았음에도 즉흥 연주의 흐름을 이야기할 때 스윙 시대를 빼놓을 수 없는 것은 단순한 역사적 전후 관계 때문이 아니라, 스윙 시대에 선보였던 편곡 중심의 연주가 대중들이 테마를 인식하는 데에 가장 큰 역할을 했기 때문이다. 즉흥 연주는 스윙 시대처럼 테마를 크게 벗어나지 않건, 아니면 스윙 이후의 즉흥 연주처럼 테마와 상관없는 방향으로까지 발전하건 어디까지나 테마와 깊은 관련을 맺고 있다. 일반적으로 즉흥 연주의 감상을 위해서는 테마를 먼저 이해하고 그 테마를 기반으로 즉흥 연주가 어떻게 진행되는가를 비교해 보는 것이 필요하다. 그러므로 테마의 인식은 즉흥 연주를 감상하는 데 기본적인 요인으로 작용한다. 스윙 시대는 이후의 재즈에서 수백 번 이상 연주되게 될 스탠더드라는 연주 레퍼토리를 확립했으며 이 곡들의 테마를 대중에게 친숙하게 인식시켰다. 이제 재즈는 즉흥 연주를 할 준비가 된 것이다.

비법 : 연주자를 위한 즉흥 연주

만약 현재 재즈에 대한 전형적 이미지가 있다면 그것은 대부분 비밥(Bebop)과 하드 밥(Hard Bop)이 만들어 놓은 것에서 크게 벗어나지 않는다. 그리고 재즈를 처음 듣는 사람들이 재즈에 대해 어려움을 호소한다면 그것 역시 밥 스타일의 재즈 감상과 관련되었을 확률이 크다. 이는 스윙을 재즈의 전형으로 인식할 만한 세대가 이제 거의 없다는 것을 의미하기도 하지만 무엇보다 현재의 재즈에 가장 큰 영향력을 끼치고 있는 양식이 바로 밥이라는 사실을 증명한다.

비밥 재즈는 그야말로 즉흥 연주를 위한 스타일이었다. 이 시기부터 테마는 곡의 전체를 지배하지 못하고 즉흥 연주의 출발점, 기초로 완전히 전락했다. 즉, 이제야 재즈는 작곡가의 곡을 악보대로 연주하는 해석의 음악에서, 악보와 상관없이 원곡에 연주자만의 독창적인 개성을 불어넣는 변주의 음악으로 바뀌게 된 것이다.

그런데 어떻게 편곡을 중심으로 하는 스윙 시대의 현란하고 장중한 사운드 속에서 새로운 즉흥 연주 중심의 음악이 태어날 수 있었을까? 비밥은 갑자기 생겨난 음악이 아니었다. 비밥을 탄생시킨 연주자들은 모두 스윙 시대 빅밴드에 소속되어 연주활동을 하던 이들이었다. 이들 연주자들은 갈수록 획일화되어 가고 연주자의 개성을 드러내기 어려워지는 스윙 연주에 불만이 많았고, 시간이 흐르면서 레퍼토리로 확립된 여러 스탠더드 곡들을 매일 같은 편곡으로 연주하는 것에도 서서히 싫증을 느꼈다. 연주자들의 합주나 각 파트 간의 주고받는 절묘한 연주는 대중들을 흥분시켰을지 몰라도 더 이상 연주자들은 여기에 재미를 느끼지 못했던 것이다. 그래서 연주자들은 늦은 밤 직업으로서의 빅밴드 연주를 마치고 나면 삼삼오오 민튼즈 하우스(Minton's House) 같은 곳에 모여 관객이 아닌 그들만을 위한 애프터 아워즈(After Hours) 연주를 펼쳤다. 그 연주는 그동안 스윙의 고정된 틀에 갇혀 있었던 답답함을 한 번에 해소하려는 듯 매우 격정적인 리듬과 즉흥 연주가 특징이었다.

새로운 즉흥 연주를 위한 배경 : 리-하모니제이션

비밥에서 가장 중요한 것은 즉흥 연주였다. 그러나 스윙 시대에도 제한적이었지만 즉흥 연주가 있었다. 스윙 시대의 즉흥 연주는 이미 언급했다시피 테마의 주 멜로디를 다시 구성하고 약간의 코드음을 새롭게 추가하는 것으로 이루어졌다. 그래서 테마의 멜로디가 즉흥 솔로 연주에서 확연히 드러났다. 게다가 즉흥 연주된 멜로디는 안정적인 곡의 코드체계에 잘 부합되는 것이었다. 그러나 새로운 창조 욕구를 지녔던 색소폰 연주자 찰리 파커(Charlie Parker), 트럼펫 연주자 디지 길레스피(Dizzy Gillespie), 피아노 연주자 텔로니어스 몽크(Thelonius Monk) 등은 이러한 짧은 자유에 만족하지 않고 보다 더 자유로운 연주를 꿈꿨다. 그런데 스윙 시대의 안정된 편곡에서는 그들이 꿈꾸는 자유로운 연주를 실현하기에 제약이 많았기 때문에, 그들은 먼저 곡을 이루고 있는 코드체계를 새로 확립하는 것을 시도했다. 이를 리-하모니제이션(Re-harmonization)이라고 한다.

리-하모니제이션은 크게 두 가지로 나누어 생각할 수 있다. 첫 번째는 기존의 코드를 그대로 사용하면서 보다 더 긴장감 있는 음을 추가하는 것이다. 이를 위해 코드의 구성에 대해 생각해 보자. 일반적으로 코드는 기본음을 중심으로 그 음의 홀수 배음을 수직적으로 쌓아 만들어진 것이다. 예를 들어 Cmaj7 코드는 '도'음을 기본음으로 해서 그 위로 3음에 해당하는 '미', 5음에 해당하는 '솔', 7음에 해당하는 '시'가 쌓여져 만들어진 것이다. 짝수 음인 '레-파-라'는 자연스러운 코드 형성에서 벗어나는 음들이다. 이렇게 짝수 음이 코드 구성음에서 배제되는 이유는 '도-레-미'처럼 서로 인접한 음들을 동시에 연주하면, 동시에 연주되어 생기는 소리의 음악적 색이 불분명하기 때문이다. 그런데 비밥 연주자들은 이러한 자연배열에서 벗어나는 음들을 코드 구성음으로 포함시킨다. 이는 코드 구성에 대한 생각을 보다 확장시킨 것으로, '레-파-라'를 각각 2·4·6번째 음으로 생각하지 않고 7번째 음인 '시' 다음에 오는 9·11·13번째 음으로 생각하면서 가능하게 된 것이었다. 그래서 '도-레-미'는 '도'를 기준으로 보았을 때 '1-2-3' 음들의 구성이 아닌 '1-3-9' 음들로 이루어진 코드가 되는 것이다.

이렇게 생각을 조금 전환하면 한 스케일, 조성 내에서의 모든 음들은 코드를 구성하는 데에 사용될 수 있게 된다. 그렇다면 '1-3-9'가 되었건 '1-2-3'이 되었건 이들 음들로 구성된 코드의 불분명한 음색은 변하지 않는데 이것은 어떻게 이해해야 할까? 이러한 코드 구성이 이상적이지 못한 것은 분명 사실이다. 이렇게 안정적이지 못한 느낌을 유발하는 음들(여기서는 9번째 음인 '레'가 된다)을 긴장을 유발하는 음, 즉 텐션 노트(Tension Note)라 한다. 이 텐션 노트들은 모두 기본음에서 멀리 떨어져 있기에 기본음과의 상관성이 많이 떨어진다.

비밥 연주자들은 이렇게 리-하모니제이션에 의한 코드 구성 시 텐션 노트가 많이 포함된 고난도의 코드를 사용했다. 이로 인해 전체적인 곡의 느낌은 복잡해진 반면 코드와 멜로디와의 관련성은 느슨해졌다. 그래서 일반적인 반주에 익숙한 감상자들은 비밥 연주자들이 멜로디를 반주하는 것을 보면 어딘지 어긋나고 조화롭지 못하다는 느낌을 받게 된다. 그러나 이러한 코드 내의 긴장의 증가는 한편으로는 코드의 울림을 보다 현대적이고 풍성하게 만들었다. 그리고 이러한 긴장을 지닌 코드는 안정적인 코드에 의해 긴장이 해결되는 진행을 함으로써 연주와 감상에 카타르시스를 유발시켰다.

라-하모니제이션의 두 번째는 대리코드의 사용이다. 텐션 노트가 한 코드에 긴장을 부여하는 것이라면 대리코드는 코드의 진행에 긴장을 부여하는 것이라 할 수 있다. 대리코드의 사용은 원래 사용될 코드와 비슷한 구성의 음들을 지닌 다른 코드를 대신 사용하는 것이다. 예를 들어 '도-미-솔-시'로 구성된 Cmaj7 코드는 '미-솔-시-레'로 구성된 Em7 코드와 구성이 무척 흡사하다. 그래서 이 코드를 원래 Cmaj7이 사용될 자리에 대치시키면 곡의 기본적인 진행은 가능하나 코드의 어긋남 때문에 곡에 긴장감이 생긴다. 대리코드의 사용은 무조건 코드 구성음이 비슷하다고 사용하는 것이 아니라 코드의 전후 관계를 고려해 사용하는 것이다. 그리고 대리코드의 사용에서 오는 긴장은 앞서 텐션 노트의 사용에서 언급했듯이 안정적인 코드가 뒤따르는 것으로 해결된다.

한편 기존의 코드를 그대로 사용하면서 한 코드의 사용 길이를 줄이고 그 자리에 전후 코드와 관련된 새로운 코드를 삽입하는 방법도 있다. 이때 새로운 코드의 삽입 역시 코드진행에 긴장을 부여한다. 이렇게 텐션 노트나 대리코드가 여러 음악적 규칙을 고려하면서 사용되면, 테마를 감싸는 코드체계는 새롭게 탈바꿈하게 된다.

코드체계 중심의 즉흥 연주

그렇다면 어떻게 즉흥 연주와 새롭게 형성된 곡의 구조가 상관을 맺는 것일까? 일단 재즈 연주자들이 생각한 보다 더 자유로운 연주라는 것이 무조건 어려운 연주가 아니었음을 생각하자. 재즈 연주자들은 자유로운 연주만큼이나 매번 새로운 연주를 할 수 있기를 바란다. 그리고 다시 말하지만 재즈에서의 즉흥 연주는 멜로디와 이를 감싸는 코드체계 간의 관계에 의존한다. 즉, 각각의 즉흥 연주는 주어진 코드 안에서 이루어진다는 것이다. 비밥 연주자들의 즉흥 연주는 기본적으로 그 위치에 자리잡은 코드의 구성음들을 적절히 연결하여 이루어진다. 예로 C 코드 내에서는 '도-미-솔'의 세 음들을 사용하고 Dm 코드에서는 '레-파-라'의 세 음들을 사용하여 즉흥 연주의 멜로디를 구성할 수 있다. 만약 코드 구성음 외의 음들이 사용되었다면 그것은 코드 구성음을 살짝 꾸미기 위해 잠시 지나가는 경과음으로 사용된 것이다. 그러므로 비밥 연주자들이 새로운 즉흥 연주를 위해 곡을 이루는 코드들의 체계부터 새롭게 조직한 것은 당연했다. 새롭게 형성된 코드체계는 기존의 체계보다 더욱 복잡하고 긴장감이 더한 것으로, 테마와의 상관성이 적어 보다 더 열린 느낌을 주었다. 그래서 연주자들은 코드 변화에 따른 새로운 코드 구성음들을 선택해 사용할 수 있었고, 또 새로운 코드진행에 맞추어 새로운 방향으로 즉흥 연주의 멜로디를 진행시킬 수 있었다. 그래서 같은 리듬

체계 위에서의 연주라 할지라도 기존 스윙 재즈에서의 즉흥 연주와 비밥에서의 즉흥 연주는 상당한 차이를 보이게 된다.

이렇게 즉흥 연주가 재즈의 중심으로 자리잡으면서 작곡의 역할은 변형되거나 축소되어 갔다. 기존의 스탠더드 곡은 이제 그대로 연주해야 할 대상이 아니었다. 테마의 역할은 그저 즉흥 연주의 단초를 제시하는 것으로 축소되었고, 나아가 정교한 편곡으로 긴장감이 풍부하게 바뀌어 원래의 테마와는 다른 모습을 띠는 경우가 많았다. 연주자들의 즉흥 연주 역시 테마보다는 코드 구성음을 중심으로 진행되었기 때문에 테마와의 관련성을 찾기가 더 어려워졌다. 그래서 즉흥 연주의 멜로디만으로는 그 즉흥 연주가 어떠한 곡에 대한 즉흥 연주인지를 분간하기 어렵게 되었다. 심지어 즉흥 연주를 비슷한 코드 구성을 가진 다른 곡에 옮겨 놓아도 무방할 정도였다. 그래서 비밥 연주자들은 오히려 자신들의 즉흥 연주에 테마를 인식할 수 있는 선율을 즉흥적으로 삽입하여 테마와의 관련성을 유지하곤 했다.

단순화된 테마

한편 비밥 시대의 연주자들도 많은 작곡을 했는데, 이들의 작곡은 곡 자체에 스탠더드 곡처럼 기승전결을 담는다기보다는 단순히 제시 정도에 해당하는 짧은 리프(Riff)로 구성되는 경우가 많았다. 이는 그만큼 테마가 곡의 시작과 즉흥 연주의 출발점을 알리는 것에 지나지 않음을 말해 주는 것이다. 다시 말해 비밥에서 연주하기 전의 악보상의 곡은 완결된 것이 아니라 열린 구조를 지닌 미완성의 것이다. 그래서 하나의 곡은 테마에서 시작해 즉흥 연주로 발전, 확장하여 다시 테마로 돌아와 결말을 맺을 때 온전한 곡으로 완성된다.

이것을 우리는 많은 블루스 형식의 곡을 통해 확인할 수 있다. 재즈에서의 블루스는 흔히 생각하는 블루스와는 다른 것으로, 블루스 스케일에 의거하여 패턴화된 코드진행을 가지는 곡을 말한다. 일반적인 작곡이 멜로디를 먼저 만들고 적절한 코드들로 이를 꾸미는 것이라면, 블루스 곡들은 코드의 기본 진행이 이미 결정된 것이라 하겠다. 그래서 작곡자는 이 코드진행을 기본으로 작곡을 한다. 그런데 대부분의 블루스 곡들의 코드진행은 자체적인 완결미를 지니고 있지만, 그 테마의 멜로디는 완결된 형식보다 단순한 리프의 반복인 경우가 많다. 「Now is the Time」「C Jam Blues」「Moanin」「Bag's Groove」 같은 곡들이 그런 곡들이다. 이들 곡들은 무척 단순한 멜로디가 몇 차례 반복된 뒤 즉흥 연주가 바로 시작된다. 특히 「C Jam Blues」 같은 곡은 코드진행의 변화는 있지만 테마의 멜로디는 제목처럼 '도' 하나로만 진행된다.

연습을 통해 재구성하는 즉흥 연주

이제 비밥의 즉흥 연주가 코드음들의 연주로 이루어진다는 것은 이해할 수 있지만, 그것이 유기적인 멜로디가 되는 것은 별개의 문제다. 그렇다면 비밥 연주자들은 어떻게 새로운 멜로디를 즉흥적으로 만들어낼 수 있을까?

많은 감상자들은 비밥에서의 즉흥 연주란 되는대로, 그 순간에 생각나는 대로 연주한 것이라는 생각을 갖고 있다. 이 역시 틀린 생각은 아니지만 엄밀한 의미에서 본다면 비밥의 즉흥 연주는 그 자리에서 음 하나하나를 만들어 나간다기보다 미리 연습한 패턴들을 곡에 맞추어 결합하고, 또 변용해 나가는 경향이 더 강하다. 그래서 많은 연주자들이 연습에 연습을 거듭하는 것이다. 실제 대부분의 연주자들의 즉흥 연주 연습은 특정한 곡을 중심으로 펼쳐지는 것이 아니라, 다양한 코드 진행 패턴을 상정해 놓고 이 안에서 코드 구성음으로 즉흥 연주를 펼치는 형태로 이루어진다. 그래서 특정한 곡을 연주하게 되면 그 코드 구성에 맞는 미리 연습한 즉흥 연주의 조각들을 그 자리에서 결합시켜 나간다. 이러한 연습이 완벽해진다면 이제 그 연주자는 처음 연주하는 곡에서도 즉흥 연주를 할 수 있을 것이다.

이처럼 실제 대부분의 연주자들은 다양한 코드진행 패턴에 맞추어 연습을 하고, 또 이를 적절히 사용하기 위해 연주 전에 직접 스탠더드 곡을 편곡한다. 이러한 재구성의 즉흥 연주는 최근 CD에서 쉽게 발견할 수 있는 미공개 연주(Alternative Take)를 통해서도 쉽게 확인할 수 있다. 미공개 연주란 앨범 수록곡의 또 다른 연주를 말한다. 즉, 보통 앨범을 녹음하면 같은 곡을 몇 차례 녹음하고 그 중에서 가장 좋은 것을 골라 앨범에 수록하는데, 이때 제외되었던 연주가 바로 미공개 연주가 된다. 과거 40여 분 분량의 LP로 발매되었던 앨범들이 70여 분 분량의 CD로 재발매되면서, 늘어난 수록 가능 시간을 채우기 위해 LP 시대에는 들을 수 없었던 미공개 연주들이 정규 앨범에 보너스 형식으로 삽입되고 있다. 이들 미공개 연주곡들과 정규 수록곡을 비교·감상해 보면 연주자의 실수를 제외하고는 거의 모든 부분의 즉흥 연주가 같음을 발견하게 된다. 이처럼 즉흥 연주임에도 그 내용이 같은 것은 미리 준비한 즉흥 연주의 조각들을 그 자리에서 결합했기 때문이고, 따라서 이를 쉽게 기억할 수 있었기 때문이다.

그렇다면 '이것은 즉흥 연주가 아니지 않은가?'라는 의문이 생길 수도 있겠다. 물론 즉흥 연주를 매순간 특정한 음을 즉석에서 선택하는 것이라는 관점에서 본다면, 이는 즉흥 연주와 거리가 먼 준비된 연주에 가깝다. 그러나 즉흥 연주는 무작정 코드 구성음들을 되는대로 나열하는 것이 아니라 이러한 음들을 연결하여 하나의 이야기를 만들어 가는 것이다. 하나의 곡에 기승전결이 있는 것처럼 즉흥으로 연주되는 선율들 역시 내적인 이야기를 지니고 있다. 이 이야기를 어떻게 멋지게 만드느냐에 따라 연주자의 실력이 평가된다. 그러므로 연주자들은 평소에 부단한 연습을 통해 이야기의 여러 조각들을 준비하고, 그 조각들을 즉석에서 변용할 수 있는 경지에 이를 때까지 연습한다. 그리고 실제 즉흥 연주 시 자유롭게 이 조각들을 사용하여 연주한다. 따라서 미리 연습한 조각들을 즉석에서 연결한다는 관점에서 본다면 분명 이것은 즉흥 연주가 된다.

한편 재구성이라는 표현을 사용한다고 해서 아주 세세한 음들 하나까지 미리 준비된 조각을 퍼즐 맞추기 식으로 꿰어 맞추는 것으로 생각하지는 말자. 이러한 재구성이 단지 연결 그 자체에만 머무는 것은 아니다. 겉으로는 관련성이 희박하게 보여도 비밥의 즉흥 연주들은 정해진 테마와 관련을 맺고 있다. 그래서 같은 코드진행 위에 비슷한 연결의 즉흥 연주가 진행된다고 하더라도 그 내적 이야기는 다르다. 때로는 테마와 독립되게 들리는 멋진 멜로디들이 즉흥 연주 와중에 새로운 테마로 간주되어 발전하거나 아예 독립된 새로운 곡으로 만들어지는 경우도 있을 정도로 기본적으로 준비된 단편들은 내적으로나 외적으로 테마와 관련하여 재구성된다.

쉬운 이해를 위해 축구를 생각하자. 보통 축구를 각본 없는 드라마라고 한다. 실제 90분간 펼쳐지는 경기 중 골이 몇 골이 터질지, 누가 골을 넣을지, 어떤 식으로 공격을 하고 수비를 할지에 대해서는 아무도 모른다. 그때그때 상대편과 우리 편의 움직임에 맞추어 공을 연결하고, 슈팅을 하고, 막을 뿐이다. 그러나 이 선수들은 경기를 하기 위해 아주 많은 훈련을 했다. 그 훈련에는 체력 훈련, 패스, 슈팅 같은 단편적인 것 외에도 여러 사람이 호흡을 맞추는 세트플레이 전술 훈련이 포함된다. 이와 같은 철저한 준비를 기반으로 선수들은 운동장에 나와 경기를 하고, 또 멋지게 움직여 승리를 이룬다. 그런데 이때 선수들의 연습 내용은 동일하지만 경기마다 그 내용은 매우 다르다. 당연히 상황에 따라 선수들이 동물적일 만큼 자유롭게 움직였기 때문이다. 아마 연습했던 그대로만 융통성 없이 경기를 했다면 결코 승리의 기쁨을 맛볼 수 없을 것이다.

즉흥 연주란 것이 바로 그렇다. 주어진 곡의 테마, 빠르기, 편곡에 의한 독특한 코드진행, 그리고 참여하는 다른 연주자들의 연주에 따라 연습을 통해 육화(肉化)된 단편들이 즉석에서 재구성되어 새로운 의미를 나타내는 것이다.

새로운 방식의 악기 연주와 편성의 변화

비밥 시대의 연주자들은 보다 더 풍부하고 다양한 음들을 연주에 사용하는 동시에 악기 자체의 연주방식을 더욱 다채롭게 개발했다. 특히 테마를 제시하고 즉흥 연주를 펼치는 혼 악기들에서 이런 연주방법의 새로운 시도가 활발하게 이루어졌다. 그 중 색소폰을 예로 들면, 이제 음의 떨림인 비브라토(Vibrato)는 기본이 되었고, 울부짖는 듯한 거친 사운드 효과부터 원래 연주해야 할 음보다 낮은 위치의 음에서 시작해 정상 음으로 상승하는 식의 벤딩(Bending), 떨어진 두 개의 음 사이에 있는 다른 음들을 높은 음부터 빠르게 연주하여 이어가는 글리산도(Glissando) 등 다양한 연주방식이 고안되었다. 이러한 연주방식들은 곡 자체를 보다 더 풍요롭고 색다르게 만들었다. 실제 많은 감상자들은 같은 음을 상이한 연주방식으로 연속적으로 연주한다면 그 음이 같은 음이라 느끼지 못할 확률이 많다. 피아노의 경우 이전까지 왼손으로 베이스와 코드를 번갈아 연주하고 오른손으로 가벼운 멜로디 중심의 즉흥을 하는 스트라이드 주법에서 벗어나 보다 더 불규칙한 방향으로 연주방식을 발전시켰다. 그래서 코드 중심의 반주를 하는 왼손 연주는 박자 유지 기능을 베이스 연주자에게 이양하고, 오른손 즉흥 솔로나 다른 혼 연주자의 즉흥 솔로 연주에 맞추어 그때그때 즉흥적으로 반응하는 식의 연주(Comping)로 바뀌었다. 그리고 이러한 반주는 솔로 연주를 강조하면서 연주의 흥을 더욱 돋우는 것이었다.

한편 이처럼 긴장감 넘치는 즉흥 솔로 연주나 개성 있는 반주에 각 파트 간의 긴밀한 조화를 우선으로 하는 대규모 빅밴드 편성은 적합하지 않았다. 그래서 비밥 시대는 다시 소규모 콤보 연주가 대세로 자리잡게 되었다. 그렇다고 소규모 콤보 연주에서 각 악기 간의 조화가 무시되었던 것은 아니다. 비밥 연주에서의 조화는 스윙처럼 편곡에 의해 결정된 것이 아니라 반주를 하는 연주자들이 매순간 변화하는 즉흥 솔로 연주를 즉석에서 효과적으로 따라가는 것에 의해 결정되었다.

빨라진 템포

이렇게 해서 비밥은 즉흥 연주를 중심으로 하는 연주자용 음악으로서의 성격을 지니게 되었다. 그러면서 마치 기예의 경연이라 할 정도로 숨 쉴 틈 없이 짧은 음들을 속사포처럼 내뿜는 현란한 연주가 관심의 대상으로 자리잡게 되었는데, 그래서 상당수의 비밥 연주는 매우 빠른 템포 안에서 이루어졌다. 이러한 빠른 템포의 연주는 재즈를 춤추기 위한 음악이라는 위치에서 완전히 벗어나게 만들었다. 물론 비밥 시대에도 느린 템포의 발라드 곡이 있었지만 이 발라드 곡마저도 기존보다 더 느린 템포로 연주되었기 때문에 춤을 추기에는 그다지 적합하지 않았다. 반면 비밥의 빠른 연주는 음악의 정서적인 면을 도외시하는 결과를 낳았다. 뜨겁고 정열적인 분위기가 만들어졌던 것은 사실이지만, 그 이상의 정서를 표현하는 것은 대가가 아니고서는 그렇게 쉽지 않았던 것이다.

즉흥 연주 중심의 비밥은 재즈를 댄스음악에서 예술음악으로 격상시켰다. 그러나 이러한 재즈의 예술화는 대중으로부터 그다지 큰 호응을 받지 못했다. 이것은 어쩌면 현재까지도 유효한 문제일 수 있는데, 일반적으로 대중은 귀에 단번에 들어오는 멜로디를 지닌 곡을 선호하기 때문에, 멜로디보다 코드체계에 종속된 비밥의 연주방식이 대중에게 어렵게 느껴졌던 것은 당연했다. 그래서 이때부터 재즈는 대중들의 호응을 얻지 못하는 주변 음악으로 전락하고 말았는데 이것이 바로 비밥이 지닌 명암이었다.

쿨 재즈 : 백인들의 낭만적인 감성

비밥 재즈는 재즈를 예술의 차원으로 승화시켰지만 갈수록 어려워지는 연주들은 대중들이 재즈를 떠나게 만드는 요인이 되었다. 대중들은 기존의 스윙이 주었던 흥겨움을 느끼기 이전에 어지럽고 현란한 연주에 압도당했다. 게다가 대중들은 비밥을 배경으로는 도무지 춤을 출 수 없었다. 굳이 춤이 아닌 단순한 감상의 차원에 있어서도 비밥 재즈는 단번에 이해하기 어려운 음악이었다. 이 감상의 어려움은 지금까지도 많은 감상자들에게 유효한 실정이다. 한편 연주자의 입장에서도 비밥은 어려운 음악이었다. 비밥의 선봉장이었던 찰리 파커의 색소폰이나 디지 길레스피의 트럼펫 연주는 기교에 있어 거의 완벽에 가까웠다. 그래서 이후의 연주자들은 이들의 빠른 연주들을 따라가기 어려웠고, 또 설령 따라간다 하더라도 이들의 그늘에서 벗어나기가 어려웠던 것이다.

이러한 상황에서 서서히 새로운 사고에 입각한 연주의 필요성이 대두되었다. 그러나 비밥이 구축해 놓은 연주방식은 그리 쉽게 깨버릴 수 있는 것이 아니었다. 그래서 새로운 연주 경향은 비밥과는 다른 차원의 연주로 발전하는 것이 아닌, 밥의 뜨거움을 자제하고 구성을 보다 단순하게 하는 식의 연주로 발전하는데, 그것이 바로 쿨(Cool) 재즈였다.

비밥과 쿨

보통 재즈의 역사를 사조 간의 혁명적 이동의 역사로 이해하는 사람들은 비밥과 쿨 재즈를 서로 대립되는 것처럼 바라보곤 한다. 그래서 쿨 재즈의 연주방식을 비밥과 완전히 다른 것으로 이해한다. 그런데 실제로 쿨 재즈의 연주방식은 비밥에 대립된다기보다는 오히려 비밥의 방법론을 그대로 따르는 것이었다. 만약 쿨과 비밥이 대립되는 경향이 있다면 그것은 바로 분위기 때문일 것이다. 실제 '쿨'이라는 이전의 열정적인 분위기의 재즈를 '핫(Hot)' 재즈로 불렀던 것에 대립시키기 위해 사용된 것으로, 음악적이기보다는 쿨 재즈 특유의 부드럽고 온화한 분위기를 지칭하는 의미로서의 성격이 더 강하다. 즉, 쿨이라는 말은 비밥과 비교했을 때 드러나는 상대적인 차이를 의미할 뿐 절대적이고 근본적인 차이를 의미하지 않는다. 이러한 이유로 쿨 재즈에서의 즉흥 연주를 독자적인 것으로 설명하기에는 곤란한 면이 있다. 그래서 이번 장에서는 쿨 재즈의 전반적인 흐름을 이야기하도록 한다.

쿨의 탄생

쿨 재즈는 어떻게 생겨났을까? 보통 비밥은 찰리 파커, 디지 길레스피, 텔로니어스 몽크, 케니 클라크(Kenny Clarke) 등의 연주자를 그 탄생의 주역으로 꼽곤 한다. 그러나 쿨 재즈는 특별히 어느 누가 만들었다고 말하기 곤란하다. 쿨 재즈 자체가 분위기를 가리키는 성향이 강한 만큼, 비밥이 태동하기 전부터 '쿨'한 느낌의 연주를 들려주는 연주자들이 존재했기 때문이다. 그중 대표적인 인물이 바로 빌리 할리데이(Billie Holiday)가 '색소폰의 대통령'이라고 칭했던 레스터 영이다. 그는 색소폰을 재즈의 중심 악기로 자리잡게 했던 콜맨 호킨스(Coleman Hawkins)와 종종 비교되곤 하는데, 그의 색소폰 연주는 비밥 색소폰 연주의 특징 중 하나인 저음의 비브라토가 억제되어 있었고, 음색에 있어서 보다 더 부드러웠다. 그리고 그의 즉흥 연주는 간결하고 멜로디적인 느낌이 강했으며, 이를 기반으로 한 (당시의 즉흥 연주 프레이징보다 더 확장된) 긴 프레이징이 특징이었다. 그러면서도 그의 연주는 쉽고 편안한 느낌을 주었다.

그러나 레스터 영의 연주는 우아했던 반면 스윙감이 부족했다는 이유로 당대에는 그다지 환영받지 못했다. 그러다가 쿨 재즈가 도래할 때 색소폰 연주의 모범으로 새롭게 재조명되기 시작했다. 특히 피아노 연주자 레니 트리스타노(Lennie Tristano)는 레스터 영의 연주에 많은 관심을 나타냈고, 리 코니츠(Lee Konitz) 같은 후배 색소폰 연주자들에게 레스터 영의 색소폰을 공부하라고 권장하기도 했다. 그렇다고 레스터 영이 쿨 재즈의 직접적인 창시자였던 것은 아니다. 다시 한번 언급하지만 쿨 재즈를 명확히 창시한 사람은 없다. 그저 비밥 재즈의 뜨거운 열기에 가려진 채 비밥의 다른 방향에서 조용히 생겨난 스타일일 뿐이다. 물론 레스터 영이 쿨 재즈의 연주 방향에 영향을 주었음은 분명하다.

한편 마일스 데이비스(Miles Davis)는 1949년부터 1950년 사이 캐피털 스튜디오에서 9중주 편성으로 세 차례 녹음을 했다. 9중주라는 편성이 비밥의 일반적인 편성과 다른 것처럼, 이때 녹음된 연주들은 당시 유행하고 있었던 비밥과는 분위기가 달랐다. 이 연주들은 비밥처럼 열정적이기보다는 부드럽고 여유로웠으며, 사운드의 질감에 있어서도 보다 더 우아하고 가벼웠다. 그리고 무엇보다도 정교한 편곡과 이를 기반으로 차분하게 진행되는 즉흥 연주가 특징이었다. 이 연주는 1956년에야 뒤늦게 앨범으로 발매되었는데 이 앨범이 바로 『Birth of the Cool』이었다.

이 앨범 제목 때문에 많은 사람들은 마일스 데이비스가 쿨 재즈를 창시했다고 생각한다. 그러나 'Birth of the Cool'이라는 제목은 발매 당시 음반사에서 지은 것이다. 즉, 분명 시기적으로 앞선 쿨 재즈 성향의 녹음임에는 분명하지만 마일스 데이비스가 쿨 재즈 자체를 의식했던 것은 아니다. 그저 자신의 머릿속에 있었던 비밥과 다른 새로운 개념의 음악을 여러 연주자들과 함께 시험 삼아 녹음했을 뿐이었다. 단지 이 앨범을 통해 알 수 있는 것은, 1956년 당시 이미 쿨 재즈에 대한 개념이 평론가나 음반 업계 사람들 사이에서 인식되고 있었다는 것이다. 한편 이 앨범은 마일스 데이비스가 리더로 녹음을 했지만 완전히 그만의 앨범으로 생각할 수는 없다. 왜냐하면 이 앨범에 참여한 길 에반스(Gil Evans), 게리 멀리건(Gerry Mulligan), 리 코니츠 등의 연주자들이 연주외에도 직접 편곡과 작곡을 담당하여 앨범의 색깔을 만드는 데 주체적인 역할을 했기 때문이다. 그리고 이들은 이후 쿨 재즈의 흐름에 마일스 데이비스보다 더 큰 영향력을 행사할 인물들이었다.

웨스트 코스트 재즈

쿨 재즈가 지닌 음악적 특성들은 당시 웨스트 코스트 지역의 재즈에 많은 영향을 끼쳤다. 웨스트 코스트 재즈는 뉴욕을 중심으로 흑인 중심의 비밥 재즈가 위용을 과시할 때, 백인이 중심이 되어－물론 흑인도 더러 포함되어 있었다－로스엔젤레스를 중심으로 한 캘리포니아 주에서 연주되었던 재즈를 말한다. 웨스트 코스트 지역의 재즈 연주자들은 뉴욕의 비밥을 제대로 체험하지 못했으며 주로 뉴 올리언즈 재즈를 백인들이 리바이벌했던 딕시랜드(Dixieland) 재즈의 전통을 이어받은 연주를 하고 있었다. 그리고 그 연주는 캘리포니아의 지리적, 기후적 여건을 반영한 가볍고 부드러운 사운드가 특징이었다. 그러다가 이들은 뉴욕에서 온 게리 멀리건이나 쉘리 맨(Shelly Manne) 같은 연주자들을 만나게 되는데, 이 만남을 통해 그들만의 독특한 재즈를 만들어 나갔다.

한편 웨스트 코스트 재즈의 연주자들은 빅밴드 출신이 많았다. 특히 우디 허먼(Woody Herman)과 스탄 켄튼(Stan Kenton) 오케스트라 출신의 연주자들이 많았는데, 그중 포 브라더스(Four Brothers)로 불렸던 스탄 겟츠(Stan Getz), 주트 심스(Zoot Sims), 알 콘(Al Cohn), 세르주 살로프(Serge Saloff)를 대표적인 연주자로 꼽을 수 있다. 이 연주자들은 비밥 연주자들과 달리 스윙 시대의 편곡에 그다지 반감을 지니지 않았다.

그래서 쿨 재즈의 편곡은 분명 새로운 느낌으로 즉흥 연주를 최대한 자유롭게 하기 위한 방향으로 이루어졌던 비밥의 편곡과는 달리 스윙 시대처럼 각 악기 파트 간의 절묘한 조화를 중요하게 생각했다. 그리고 주 멜로디와 조화를 이루면서도 독자적인 멜로디를 진행시키는 대위법을 잘 사용했다. 그중 몇몇 연주자들은 편곡에 유럽의 전통 클래식과 현대적인 12음 기법 등을 재즈에 도입하기도 했는데, 이로 인해 부드럽다는 표현으로는 부족한, 냉랭하고 이지적인 분위기의 곡들이 만들어지기도 했다. 특히 지미 주프레(Jimmy Giuffre) 같은 연주자는 1960년대의 진보적인 재즈에 영향을 주게 된다.

쿨과 비밥의 공존

한편 쿨 재즈는 단순히 웨스트 코스트 재즈를 통해서만 발전했던 것은 아니었으며, 또한 백인들에 의해서만 연주되지도 않았다. 마일스 데이비스의 『Birth of the Cool』이 비밥 재즈의 열기 한가운데서 녹음되었던 것처럼 뉴욕에서도 쿨 재즈는 분명 존재했다. 게다가 쿨 재즈가 기본적으로 비밥의 연주 방식을 그대로 따르고 있는 만큼 쿨과 비밥을 오가면서 연주하는 연주자들이 많았다. 예를 들면 모던 재즈 퀄텟(Modern Jazz Quartet)과 그 피아노 연주자 존 루이스(John Lewis) 같은 경우에는 비밥과 쿨 모두를 오가는 음악을 들려주었으며 클래식적인 기법을 도입하여 편곡을 시도하곤 했다. 한편 이런 가운데 쿨과 비밥을 오가는 연주자들의 음악은 명확히 쿨 재즈와 비밥으로 분류되지 못하는 경우가 많았다. 예로 빅밴드 출신인 색소폰 연주자 스탄 겟츠(Stan Getz)는 쿨 재즈와 함께 그가 새로 도입한 보사노바(Bossa Nova) 재즈, 그리고 비밥 스타일의 연주를 동시에 펼치곤 했다.

여기서 한 가지 재즈의 역사에 대해 생각해야 할 것이 있다. 보통 재즈의 역사를 이 책에서처럼 스윙-비밥-쿨-하드 밥-프리-퓨전의 순으로 구분하곤 한다. 그런데 이러한 시대 구분의 역사는 한 사조가 완전히 쇠락하고 다른 사조가 새로 등장했

음을 의미하는 것이 아니다. 이러한 시대 구분은 소멸보다는 등장 시기에 따른 것으로, 단지 쉬운 이해를 위해 단순화시킨 것일 뿐이다. 그러므로 쿨 재즈의 전성기 때 비밥 스타일의 연주가 없었던 것이 아니라 분명히 존재했으며, 심지어 그 이전의 스윙 연주도 존재했었음을 인식해야 한다. 단지 재즈의 중심이 비밥 재즈가 아닌 쿨 재즈에 있었을 뿐이다.

그리고 쿨 재즈의 주요 연주자들이 비밥을 적대시하고 완전히 소멸되기를 바랐던 것도 아니다. 재즈의 역사는 정치사 같은 힘의 역사가 아니라 (연주자 중심이기는 하지만) 취향의 역사이기 때문에 명확한 소멸이란 존재하지 않는다. 그저 연주자들이 새로운 표현 가능성을 탐구하고 실험하는 과정에서 새로운 사조가 등장하고, 이것이 지속됨으로써 재즈의 경계가 보다 더 확장될 뿐이다. 따라서 재즈의 역사는 생성과 소멸의 역사가 아닌 다양성을 존중하는 공존의 역사라 할 수 있다. 현재 극히 상반되는 스타일의 음악들까지 재즈의 테두리 안에서 이해되고 있는 것이 바로 이러한 이유 때문이다. 만약 재즈에 단절이 있다면 그것은 완전한 단절이기보다는 부분적인 단절의 성격이 강하다. 그래서 모든 사조들은 저마다 자신만의 연속된 역사를 지닌다. 이런 이유로 한 연주자가 쿨 재즈와 비밥 재즈 모두를 연주하는 것은 결코 이상한 일이 아니다. 그들은 스타일에 구속받지 않고 순간순간 자신의 욕구에 반응하여 연주를 펼쳤을 뿐이었다. 재즈의 발전은 바로 이러한 진취적인 연주자들에 의해 이루어진 것이다.

부드러운 즉흥 연주와 대중의 호응

쿨 재즈의 즉흥 연주는 기본적으로 코드체계와 관련되어 진행되는 비밥의 즉흥 연주 방식을 그대로 따른다. 하지만 비밥처럼 즉흥 연주가 과격하지 않았으며, 많은 음들을 짧은 시간 동안 쏟아 붓듯이 연주하지도 않았다. 그보다는 보다 더 여유를 갖고 음들을 경제적으로 운용했고, 이때 선택된 음들은 테마로부터 멀리 떨어져 강한 긴장감을 유발하는 음들도 아니었다. 그리고 편곡을 통하여 새로이 연결된 코드 간의 진행도 곡의 느낌 자체를 바꿀 정도로 강한 긴장을 유발하지는 않았다. 한편 리듬에 있어서도 스윙감을 유발하는 2·4박에 강세를 주는 것을 부드럽게 통제했으며, 이로 인해 비밥에 비해 안정되고 차분한 진행을 보였다. 이러한 요인들은 곡 전체의 열기를 식히는 대신 상쾌한 맛을 느끼게 만드는 결과를 낳았다.

이러한 부드럽고 편안한 느낌의 연주는 대중들로부터 많은 환영을 받았다. 특히 데이브 브루벡(Dave Brubeck) 퀄텟은 세계 순회공연을 할 정도로 큰 인기를 얻었다. 그리고 이러한 대중적 인기에 힘입은 많은 쿨 재즈 연주자들은 할리우드의 영화음악에 참여하기도 했다. 만약 지금의 일반 대중 사이에 '재즈는 어렵다'라는 선입견 외에 '재즈는 분위기 있고 낭만적인 음악'이라는 정반대의 선입견이 형성되어 있다면, 그것은 바로 쿨 재즈와 이들의 영화음악을 통해서일 확률이 크다.

하드 밥 : 비밥을 다시 대중 곁으로

쿨 재즈가 웨스트 코스트 재즈를 중심으로 백인적 감성이 가미된 연주들을 선보였을 때, 비밥은 대중으로부터 외면받았다. 비밥 연주자들의 연주가 치열하고 복잡해질수록 감상자들은 그들의 음악을 이해하기가 더 어려웠기 때문이다. 비밥은 댄스용 음악이었던 재즈를 예술성 있는 음악으로 승격시키는 데에는 큰 공헌을 했지만, 대중이 향유하는 음악으로 만드는 데에는 그리 성공하지 못했다. 그리고 어쩌면 비밥은 처음부터 많은 대중들에게 감상되는 음악을 연주하겠다는 생각을 갖고 있지 않았을지도 모른다. 왜냐하면 많은 대중들에게 감상되어야 한다는 것은 결국 연주자의 취향 이전에 감상자들의 취향에 맞추어야 함을 의미하는 것이었고, 이는 당시의 기준으로 볼 때 스윙을 연주해야 함을 의미하는 것이었기 때문이다.

실제 일군의 연주자들이 밤마다 민튼즈 하우스에서 애프터 아워즈 세션을 벌일 때, 그들은 이미 빅밴드에서 생계를 위한 스윙 연주를 마친 상태였다. 자신보다는 춤을 위해서, 그리고 생계를 위해서 했던 연주가 그들에게 만족스러웠을지는 의문이다. 그리고 아무리 재미있는 직업이라도 여가시간에 그 일을 또 한다는 것은 여간해서는 상상하기 힘들다. 그러므로 비밥 연주자들이 감상자를 완전히 배제할 생각은 하지 않았다 하더라도, 최우선의 고려대상에 놓지 않았음은 분명하다. 이처럼 비밥은 연주자 본인의 만족이 우선이었다. 그러므로 그들의 음악이 제대로 평가받지 못하는 것에는 분명 아쉬움이 있었겠지만, 감상자의 숫자가 감소한다는 것에는 신경을 쓰지 않았을 수도 있다.

그러나 백인 중심의 연주자들을 주축으로 백인 취향의 부드러움과 편안함을 주는 쿨 재즈가 다시금 대중의 관심을 끌었다는 것은, 분명 재즈를 흑인의 소유로 생각하고 있었던 흑인 중심의 비밥 연주자들에게 큰 자극이었으리라 생각된다. 게다가 쿨 재즈는 비밥에 대립되는 연주 스타일이 아니라 비밥을 기초로 그 세기와 열정을 적절히 통제하는 방법으로 만들어진 음악이 아니던가? 그래서 비밥 재즈도 새로운 변화를 도모하는데 그 결과가 바로 하드 밥(Hard Bop)이었다. 하드 밥 역시 비밥과 대립관계에 있는 스타일이 아닌 비밥의 방법론을 그대로 계승한 스타일이다. '쿨'이라는 단어가 비밥의 정서적 측면인 '핫'에 대한 상대적 개념으로 사용된 것처럼, 하드 밥에서 'Hard'라는 단어의 사용은 기존의 비밥에 대해 확장적인 의미를 지닌다. 이처럼 완전히 새로운 스타일이 아닌 비밥의 연장선상에 놓이는 하드 밥이 등장하게 된 것은 그만큼 비밥의 방법론이 거부하기 힘든 절대적인 재즈의 전형이자 흑인 연주자들의 자존심이었기 때문이었다.

비밥과 하드 밥

그렇다면 과연 어떤 하드일까? 단단하다는 것은 무엇을 의미하는 것일까? 하드 록(Hard Rock)처럼 강력한 사운드를 만들어내는 재즈일까? 재즈에서 비밥과 하드 밥의 사운드 관계는 록과 하드 록의 관계와는 다르다. 하드 밥 사운드는 비밥에 비해 더 강렬하고 자극적일지 모르나 구조의 측면에서는 보다 더 안정적이면서 단순한 모습을 보인다. 사실 연주자를 위한 음악이었던 비밥의 코드진행과 복잡한 즉흥 솔로 연주들은 연주자 본인들에게도 부담스러운 것이었다. 그래서 하드 밥은 코드의 진행에 있어서도 과도한 비약보다는 기존의 비밥에 비해 보다 더 개연성 있는 진행을 보인다. 그래서 비밥에서의 코드진행이 주었던 낯섦, 어긋남의 느낌은 하드 밥에서는 상대적으로 줄어들었다.

게다가 1950년대에 일반화된 LP는 한쪽에 3분 정도를 기록

할 수 있었던 기존의 SP에 비해 수록 가능 시간이 25분 정도로 획기적으로 길었다. 이에 따라 연주자들의 연주 또한 길어지기 시작했는데, 이는 단지 물리적 시간이 늘어난 것에 그치는 것이 아니라 연주자들이 보다 더 긴 호흡으로 더 넓게 사고할 수 있게 되었음을 의미하는 것이었다. 이러한 코드진행의 개연성 증가와 LP의 등장으로, 연주자들은 즉흥 연주를 짧고 단편적으로 펼치는 것이 아니라, 하나의 내적 이야기를 설정해서 즉흥 연주에 불어넣을 수 있게 되었다. 즉, 숨 쉴 틈 없는 속주의 연주에서 벗어나, 이제 연주를 어떻게 해서 무엇을 표현하느냐가 더 중요하게 부각되었다고 할 수 있다.

자유로운 리듬섹션

하드 밥은 리듬의 측면에 있어서 비밥에 비해 속도감이 줄어든 대신 드럼의 역할이 보다 더 증대되었다. 여기에서는 아트 블레이키(Art Blakey)의 역할을 빼놓을 수 없다. 마일스 데이비스와 함께 녹음했던 앨범 『Dig』에서, 그는 단순한 반주의 차원에서 벗어나 연주의 전면에서 멜로디 악기 이상의 현란한 드럼 솔로 연주를 펼쳤다. 이 같은 드럼의 솔로 악기화는 하드 밥에서 일반적인 것으로 자리잡았다. 그러면서 박자를 유지하는 드럼의 기능은 완전히 부수적인 것이 되었다. 이전까지는 큰북으로 박자를 표시했지만 하드 밥 시대에 이르러서는 심벌이 주로 그 기능을 담당했다. 만약 하드 밥에 이르러 리듬 연주가 보다 복잡해졌다고 느끼게 되었다면 이런 식으로 박자 연주가 안으로 숨었기 때문이다. 이처럼 박자 표시가 부수적인 것으로 축소되면서 드럼 연주는 곡의 진행에 따라 변하는 분위기를 소리의 강약과 심벌과 북의 소리 변화로 표현하는 데에 더 주력하게 되었다. 만약 하드 밥이 비밥에 비해 보다 더 자극적이고 강렬한 느낌을 준다면 이것은 바로 이러한 드럼 연주 때문이다.

드럼뿐만 아니라 베이스의 역할도 리듬을 유지하는 것에서 벗어나 보다 더 자유로운 연주를 펼치기 시작했다. 이처럼 하드 밥 시대에서는 각 연주자 간의 유기적인 조화만큼이나 멤버들의 개성을 드러내는 자유 연주가 중요하게 인식되었다. 이를 빌 에반스(Bill Evans) 트리오의 경우를 통해 이해해 보자. 빌 에반스의 초기 트리오는 비밥 시대의 트리오 형식을 확장시킨 것이었다. 이전에 아트 테이텀(Art Tatum)이나 버드 파웰(Bud Powell) 등의 피아노 연주자들이 피아노의 대가로 인정받긴 했지만 그들의 트리오 자체가 인정을 받았던 것은 아니었다. 이들 트리오에서 베이스와 드럼은 충실하게 박자를 유지하는 역할만 했기 때문이다. 그러나 빌 에반스의 트리오는 여전히 리드 악기로서 피아노가 맨 앞에 드러나긴 하지만, 베이스와 드럼 역시 단순한 반주에 그치지 않고 그들만의 독자적인 연주를 펼쳤다. 그래서 박자와 리듬은 내적으로만 드러났다.

긴밀한 상호 연주 : 인터플레이

이처럼 하드 밥은 비밥에 비해 연주 속도에 여유를 두었던 반면, 리듬을 담당하는 베이스와 드럼을 솔로 악기의 수준으로 끌어올렸다. 그래서 즉흥 연주를 펼치는 각 솔로 악기들은 단순히 고정적인 반주 위에서 혼자만의 연주에만 집중해서는 안 되었다. 매 연주를 하는 순간 비록 같은 박자이더라도 내적으로 다양하게 변화하는 베이스와 드럼 연주에 보다 더 많은 신경을 써가며 연주를 해야만 했다. 그리고 리듬 파트의 악기들 역시 즉흥 솔로에 집중하면서 그에 어울리는 연주를 즉흥적으로 구사해야만 했다. 이러한 연주를 보통 상호 연주, 즉 인터플레이(Interplay)라고 한다. 인터플레이가 중요하게 부각되면서 이제 즉흥 연주는 단순한 개인의 솔로 연주 차원에만 머무르지 않게 되었고, 아울러 즉흥 연주가 가져오는 사운드의 변화가 중요한 관심사로 등장하게 되었다. 단순히 연주만 잘하는 것이 최고가 아닌 시대가 온 것이다. 이러한 인터플레이의 강조와 그에 의해 발생하는 사운드의 색에 대한 관심은 조화로운 편곡과 분위기를 중시했던 쿨 재즈의 음악적 성향이 하드 밥만의 방식으로 해석된 것이라고 생각할 수 있다.

그러나 사실 이러한 변화들은 비밥과 하드 밥 간의 시간적 차이를 감안한다면 어느 정도 당연한 것으로 생각할 수 있다. 즉, 이것이 비밥과 하드 밥이 가진 차이의 전부라면 꼭 하드 밥이라고 새로 구분 지을 필요가 없다는 것이다. 그럼에도 하드 밥을 비밥에서 분리시키게 되는 것은 연주방식에 있어서 새로운 변화가 있었을 뿐 아니라, (비밥이 하지 못했던) 시대의 흐름과 호흡했기 때문이었다. 이 두 가지 요인들은 하드 밥 내에서 각기 독자적인 방향으로 진행되었는데, 전자는 극히 예술적이고 난해한 방향으로 흘렀으며, 후자는 즉흥 연주 자체를 완전히 무시하지 않으면서도 흥겨운 사운드로 대중들의 호응을 얻어냈다.

모달 재즈

그러면 먼저 하드 밥 시대에 새로 등장한 연주방법을 살펴보자. 보통 이 새로운 방법을 사용한 연주를 모달(Modal) 재즈라 부른다. 이 연주방식은 기존의 비밥이나 초기 하드 밥과 확연히 다르다. 그럼에도 하나의 독자적 사조가 되지 못하고 하드 밥 내에서의 한 흐름에 속하게 되는 것은 이 방식이 하드 밥 시대에 등장하여 퓨전 재즈 등의 다른 사조에서도 부분적으로, 그러나 광범위하게 사용되었기 때문이다.

존 콜트레인은 1959년 4월 『Giant Steps』를 녹음했다. 이 앨범의 타이틀곡 「Giant Steps」는 무척이나 정교한 코드진행과 그 위에 펼쳐지는 콜트레인 특유의 현란한 즉흥 솔로 연주가 인상적인데, 진정 하드 밥이 만들어낼 수 있는 최고의 경지를 보여준 연주라 할 수 있다. 즉, 이 앨범으로 비밥의 연장으로서의 하드 밥의 연주방식은 한계에 이르렀다고 할 수 있었다. 따라서 연주자들에게는 다시 새로운 연주의 출구가 필요했는데 그것이 바로 모달 재즈였다. 실제 존 콜트레인의 『Giant Steps』와 (존 콜트레인 본인도 참여했으며 모달 재즈의 시작을 알렸던) 마일스 데이비스의 『Kind of Blue』가 녹음 시기에 있어 3주 정도의 시간밖에 차이가 나지 않는다는 사실은 무척이나 상징적이다.

기본적으로 비밥의 즉흥 연주는 코드체계를 중심으로 진행되기에 코달(Chordal) 재즈라 할 수 있다. 그런데 모달 재즈는 코드가 아닌 모드(Mode)를 중심으로 즉흥 연주를 펼친다. 모드는 기존의 장, 단조를 중심으로 하는 음들의 배열체계와는 완전히 다른 차원의 배열체계로 [도-레-미-파-솔-라-시-도]의 각 음을 기본음으로 하는 7개의 독자적인 음들의 배열체계를 지니고 있다. 다시 말해 기존의 음계는 단조(마이너 스케일, Minor Scale)와 장조(메이저 스케일, Major Scale)로 나뉘었다. 예를 들어 '미'를 기본음으로 한다고 했을 때 장조의 경우 음들의 배열구조는 [미-#파-#솔-라-시-#도-#레]가 된다. 즉, 장조의 음들을 구성하는 기본 구조인 3번째 음과 4번째 음(여기선 #솔과 라), 그리고 7번째 음과 8번째 음(여기선 #레와 미) 간의 거리가 반음으로 되어야 함을 반영한다. 만약 미가 아닌 다른 음을 기본으로 한다고 해도, 장조라면 이 규칙은 지켜져야 하는 것이다.

그런데 모드에서는 미를 기본으로 하는 경우 그 배열은 단순히 [미-파-솔-라-시-도-레]가 된다. 즉, 장·단조와는 상관없이 1음(미)과 2음(파), 그리고 5음(시)과 6음(도) 사이를 반음으로 하는 독자적인 배열체계가 나온다는 것이다. 만약 '레'를 기본음으로 한다면 그 배열은 [레-미-파-솔-라-시-도]가 될 것이다. 이 배열 각각은 하나의 모드를 이루는데, 마찬가지로 우리에게 익숙한 [도-레-미-파-솔-라-시-도]의 배열은 여러 모드들 중 '도'를 기본 음으로 하는 이오니안(Ionian) 모드에 해당한다.

이를 일반화시킨다면 모드는 C장조를 구성하는 피아노의 흰 건반을 놓고, 그 중의 특정 음을 기본음으로 하여 그 음에서 시작해 흰 건반을 차례로 연주할 때 생기는 음들의 새로운 배열체계이다. 따라서 7개의 모드가 가능한데 각 모드는 기본음만 다를 뿐 그 구성음들은 같다. 즉, 연주자는 모드 기반의 즉흥 연주 시 피아노의 흰 건반 중의 아무 음이라도 연주에 사용할 수 있는 것이다. 이것은 반주로 흐르는 코드의 진행에 구속받지 않고 보다 자유로운 즉흥 연주의 멜로디를 만들 수 있음을 의미하는 것이다.

이로 인해 모달 재즈에서 코드는 이제 힘을 잃는다. 그래서 한 곡을 구성하고 있는 코드의 숫자가 급격히 줄어들어 각 모드에 적합한 기본 코드가 곡 전체를 대치하게 된다. 예를 들어 마일스 데이비스의 1959년도 콜럼비아 레이블에서의 앨범 『Kind of Blue』의 수록곡 중, '레'를 기본음으로 하는 도리안(Dorian) 모드로 이루어진 「So What」은 Dm7 코드 하나가 16소절 동안 지속된다. 그리고 존 콜트레인의 1961년도 아틀란

틱 레이블에서의 앨범 『My Favorite Things』에서 그 타이틀곡을 감상해 보자. 이 곡에서 보다 더 자유롭고 현란한 존 콜트레인의 색소폰 연주 아래로 흐르는 피아노 연주를 자세히 들어보자. 아마도 꾸준한 변화가 있는 비밥과 달리 단순하게 반복적으로 연주되는 코드를 발견할 수 있을 것이다. 이것은 한 소절 안에서도 코드의 변화가 있었던, 기존 코드 중심의 비밥과는 완전히 다른 것이다. 이제 곡의 변화는 코드의 변화가 아니라 곡 내에서의 모드의 변화를 통하여 이루어진다.

그래서 모달 재즈의 즉흥 연주는 기존 코드 중심의 즉흥 연주와 상당한 차이를 보인다. 기존의 코드체계 중심의 연주는 테마로부터 자유로운 것이었으나 여전히 코드가 즉흥 연주의 진행에 제약을 주었다. 매 코드 변화마다 연주자는 그 코드 구성음들을 적절히 연결하면서 즉흥 연주를 펼쳐야 했고, 따라서 아무리 코드 구성음이 아닌 음들을 일종의 경과음처럼 사용한다고 하더라도 음들의 선택 폭은 그리 크지 않았다. 그러나 모달 재즈에서 코드는 최소한으로 축소되었다. 그러면서 즉흥 솔로 연주는 코드의 제약으로부터 해방되었다. 연주자는 이제 매순간 코드 구성음을 따지고 이를 조합하는 데에 집중할 필요가 없게 되었다. 이 얼마나 자유로운가? 이제 연주의 핵심은 제약을 어떻게 능숙히 벗어나 자연스러운 연주를 펼치는가가 아니라, 어떻게 내적인 서사 구조를 지닌 이야기를 만들어내는가로 바뀌게 되었다. 그래서 즉흥 연주는 보다 더 멜로디적인 것으로 바뀌었고, 변화가 많지 않은 코드 진행으로 인해 곡에는 명상적이고 관조적인 분위기가 지배하게 되었다. 이는 사실 당연한 것이다. 아무리 멜로디 감각이 뛰어난 비밥 연주라 할지라도 기본적으로 연주자는 머릿속에 수직적으로 음들을 쌓아 올린 코드를 연상하면서 연주를 펼쳐 나간다. 그런데 이 쌓아 올려진 코드음들은 연속적이지 않다. 반면 모달 재즈에서는 수평으로 펼쳐진 음계의 구성음들을 생각하며 연주하게 된다. 이 음들은 서로 잇달아 연결되어 있다. 따라서 비밥 재즈의 즉흥 연주가 음들의 무작위적 펼침에 해당했다면 모달 재즈는 음들의 개연적 연결이라 할 수 있다. 이러한 차이는 감상자에게 보다 더 잘 통할 수 있는 정서적 요인을 집어넣을 수 있음을 의미하기도 한다.

그렇다면 코드에 의거한 즉흥 연주와 모드에 의거한 즉흥 연주 중 어떤 것이 더 즉흥 연주를 하기에 편한 것일까? 제약의 문제에서 본다면 즉흥 연주에 있어 모든 음이 허용되는 모드 중심의 즉흥 연주가 더 쉽게 보일 수 있다. 그러나 제약이 없는 만큼 모드 중심의 즉흥 연주는 연주자의 독자적인 상상력을 강력히 요구한다. 상상력이 없으면 그 즉흥 연주는 단순하고 재미없는 매너리즘에 빠지기 쉽다. 반면 코드 중심의 즉흥 연주는 분명 즉흥 연주를 자유롭게 펼치기는 어려우나 분명히 극복해야 할 코드라는 대상이 있기에, 오히려 이 코드의 제약을 극복하려는 시도가 더욱 다양한 연주를 이끌어낼 수 있다.

이를 위해 문학에서 한 예를 들어보자. 프랑스 누보로망(Nouveau Roman) 계열의 소설가 조르주 페렉(George Perec)은 무척 다양한 글쓰기를 시도한 것으로 유명하다. 특히 그는 자신의 글쓰기에 스스로 제약을 설정하곤 했는데, 『실종 *Disparition*』 같은 경우에는 알파벳 모음 'e'를 사용하지 않는 제약을 스스로 설정했다. 그런데 프랑스어의 대략 80%에 가까운 단어에는 'e'가 포함되어 있다. 그러므로 'e'를 사용하지 않고 글을 쓰기란 거의 불가능에 가까운 것이었다. 그러나 조르주 페렉은 이런 제약으로 인해 나머지 20%의 단어들에 집중할 수 있었고, 따라서 보다 더 정제된 문체로 책을 완성할 수 있었다. 마찬가지로 코드체계라는 제약을 회피하지 않고 이를 정면으로 돌파하여, 단순한 연결이 아닌 자신의 이야기를 만들어낼 줄 알았던 연주자들이 바로 우리가 전설이라 부르는 유명한 연주자들이다. 결국 코드체계에 의거한 즉흥 연주는 오히려 즉흥 연주의 명확한 출발점을 지니기 때문에 그 진행에 있어 방향 설정이 용이할 수 있다. 그러나 모드 중심의 연주에서는 곡의 분위기와 방향을 결정하는 코드의 역할이 축소된 만큼, 즉흥 연주가 풍부한 상상력으로 곡 전체를 이끌어 나가야 한다.

이처럼 코드 중심의 즉흥 연주와 모드 중심의 즉흥 연주는 모두 쉬운 부분과 어려운 부분을 지니고 있다. 그래서 이 두 방식을 결합하여 모드의 이동을 조(Key)의 바뀜으로 생각하고, 코드 중심의 즉흥 연주를 펼치면서 조(Key)를 바꾸어 곡의 분위기와 즉흥 연주의 방향에 변화를 주는 변칙적인 방식의 연주가 등장하기도 했다.

소울 재즈-펑키 재즈

이제 하드 밥이 기존의 비밥이 하지 못했던 동시대와의 호흡을 어떻게 했는지에 대해 이야기해 보자. 사실 비밥은 스윙이 춤곡으로 사용되면서 연주자의 개성이 갈수록 사라지는 데 불만을 느낀 연주자들이 만든 것이었다. 따라서 비밥은 초기부터 대중 자체를 그리 많이 의식하지 않았다. 그리고 동시대 음악과의 관계도 크게 고려하지 않았으며, 오히려 무시하는 쪽에 더 가까웠다.

반면 하드 밥은 1950년대 중반 이후 유행하고 있었던 소울 뮤직을 재즈에 도입했다. 그래서 하드 밥의 기본을 유지하면서도 느낌이 새로운 연주들이 가능하게 되었는데, 이런 음악의 특성과 그 느낌을 보다 강조하기 위해 하드 밥이라는 표현 대신 소울 재즈나 펑키 재즈라 부르기도 한다. 이 재즈는 즉흥연주에 있어서는 기존의 밥 스타일을 그대로 따라 코드진행을 기반으로 연주를 진행했다. 그러나 리듬만큼은 변화를 보였는데, 특히 베이스의 연주 패턴이 기존의 연주와 많은 차이를 드러냈다. 기존의 비밥 내에서의 워킹 베이스(Walking Bass) 연주는 4박자를 기준으로 각 박자마다 코드음을 연주하면서 그 안에서 싱코페이트된 스윙감을 표현하는 것이었다. 그런데 소울, 펑키 재즈의 베이스는 4박자 단위의 단순성에서 벗어나 보다 리드미컬하고 탄력적인 강약의 베이스 패턴을 만들어내었다. 이 패턴이 소울 뮤직의 영향을 받았음은 물론이다.

이에 따라 즉흥 연주 역시 코드만큼이나 탄력 있는 새로운 리듬을 동시에 고려하면서 진행되어야 했다. 그래서 소울 재즈에서의 즉흥 연주는 고도의 도약상태에서 독자적 진행을 하기보다 곡의 기본 분위기 안에 머무는 경우가 많았다. 따라서 소울 재즈의 즉흥 연주는 보다 더 감각적이고 멜로디적인 면이 강조되었다. 이것은 비밥이 고난도 연주에 치중하면서 자연스레 간과했던 음악의 정서적인 측면이 다시 중요하게 부각되는 것을 의미했다. 그만큼 감상의 어려움이 많이 줄어들었고, 이로 인해 비밥이 잃었던 대중들의 관심을 다시 확보하게 되었다. 나아가 쿨 재즈에게 밀렸던 재즈 내에서의 주도적인 위치 또한 회복할 수가 있었다.

소울, 펑키 재즈는 아트 블레이키(Art Blakey), 호레이스 실버(Horace Silver) 등이 대표적인 연주자들로서 그 초기를 리드했는데, 이후에는 하드 밥의 테두리를 벗어났다고 생각해도 좋을 만큼 독자적인 면을 띠는 스타일로 발전했다. 특히 베이스와 피아노의 역할을 동시에 수행하는 오르간의 등장은 특유의 울렁거리는 듯한 음색으로 사운드의 질감에도 큰 변화를 가져왔다. 그리고 오르간이 피아노와 베이스의 역할을 동시에 수행할 수 있게 되면서 피아노, 베이스, 드럼으로 이루어진 전통적인 리듬 섹션의 개념이 해체되고, 새로이 기타를 추가한 소울 재즈만의 독자적인 편성이 상당한 인기를 얻었다.

프리 재즈 : 무한 확장된 즉흥 연주

지금까지의 재즈 역사를 살펴보면 즉흥 연주의 자율성을 확대하려는 경향과, 반면에 확대되는 즉흥 연주가 가져오는 난해함을 줄이기 위해 곡의 구조적인 특성을 보다 더 중시하는 경향 간의 반복적인 대립이 그 핵심을 이루고 있음을 발견하게 된다. 이는 어느 것이 옳고 어느 것이 그르다고 판단할 수 있는 문제가 아니다. 오히려 이러한 구조와 그 구조를 벗어나려는 즉흥 연주 간의 긴장이 재즈를 계속 앞으로 진행할 수 있게 한 가장 큰 동력이었다.

물론 재즈의 역사가 즉흥 연주와 구조 간의 긴장의 역사라고 하더라도, 이 둘의 긴장은 결코 동등한 위치에서의 긴장은 아니었다. 즉, 견고한 구조에 대하여 즉흥 연주가 벗어나려고 하는, 그러니까 즉흥 연주가 구조에 종속되어 있음을 역설적으로 보여주는 긴장이었던 것이다. 실제로 어떤 즉흥 연주도 구조 그 자체를 벗어나지는 못했다. 코드체계 중심의 즉흥 연주는 그 코드로부터 가장 멀리 떨어진 음들의 영역을 향해 나아가려 했지만 결코 코드의 영향으로부터 자유롭지 못했다. 그리고 연주자들은 그러한 의지가 없었다고 보는 편이 더 좋을 것이다. 왜냐하면 즉흥 연주를 말할 때 '즉흥'이 의미하는 바는 구조로부터 벗어나는 것보다는 새로운 느낌의 사운드를 순간적으로 창출한다는 데에 더 가깝기 때문이다. 그래서 연주자들은 구조가 허용하는 한계까지 밀고 나갔다가 스스로 안정된 위치로 돌아오는 식의 즉흥 연주를 펼쳤다. 연주자들은 즉흥 연주를 통하여 긴장 자체를 즐겼을 뿐 결코 구조로부터 해방되려고 하지는 않았다. 오히려 구조 자체가 개방적으로 변화하면서 즉흥 연주에 보다 더 많은 자유를 허용해 왔을 뿐이다. 그러므로 '재즈는 자유다'라는 표현은 어쩌면 유효적절하지 못한 것인지도 모른다. 그보다는 자유를 향한 제한적 몸부림이라는 표현이 더 좋지 않을까?

그렇다면 왜 프리 재즈가 등장했을까? 이는 1960년대 당시의 정치적인 영향도 한몫을 하고 있다. 즉, 흑인들의 인권 차별에 대한 저항의 차원에서 프리 재즈가 생겨났다는 것이다. 그러나 이러한 음악 사회학적인 문제와 상관없이 프리 재즈는 음악적으로 이 시기에 존재할 수밖에 없는 것이었다. 1960년대에 접어들면서 매번 새로운 연주를 추구하는 재즈 연주자들에게는 새로운 상상의 출발점이 필요했다. 그것은 구조와 즉흥 연주 모두의 차원에서 새로운 것을 만들어내기에는 한계에 도달했다는 위기감 때문이었다. 이미 언급했듯이 존 콜트레인이 1959년 아틀란틱 레이블을 통해 발매한 앨범『Giant Steps』의 타이틀곡에서 보여주었던 변화무쌍한 코드의 분절은 더 이상의 코드 놀음은 없다는 일종의 종결 선언이었다. 한편 즉흥 연주의 차원에서 무한한 자유를 주는 것 같았던 모달 재즈는 상상력이 조금이라도 부족하다 싶으면 바로 매너리즘에 빠지게 만드는 위험을 갖고 있었다.

이러한 위기 상황에서 재즈에 대한 새로운 차원의 생각이 등장했다. 그것은 기존의 음악적인 요소들, 즉 조성(調性), 리듬, 형식(Form) 등을 새로운 관점에서 사고하자는 것이었다. 그래서 단순히 연주에 있어 코드체계와 즉흥 연주 간의 긴장에서 자유를 찾지 말고 보다 더 근본적인 자유, 모든 면에서 아무런 제약이 없이 연주자의 의지가 그대로 반영되는 새로운 재즈를 연주하자는 것이었다. 이런 사고를 기반으로 프리 재즈는 하나씩 하나씩 기존의 형식을 해체해 나가기 시작했다.

새로운 형식의 추구

프리 재즈 이전까지 많은 연주자들이 즉흥 연주를 보다 더 자유롭게 해주는 새로운 연주방식을 고안해 왔지만, 음악의 기본 틀이라 할 수 있는 형식 자체를 건드리지는 않았다. 여기서 음악형식이란 곡의 특성을 유지하게 하는 것으로 곡 자체의 대략적인 이야기 진행 방향을 제시하는 것이다. 이 형식에 의해 코드의 연결은 되는대로 무한정 진행하지 않고, 곡의 호흡에 따라 몇 개의 단락으로 나뉘어 정리된다. 이러한 형식들은 [A+B+C] [A+A'+B+B'] [A+B+A'+C] 등으로 표현할 수 있는데, 여기서 A, B, C는 각각 악보상에서 4소절이나 8소절 단위의 단락을 의미하는 것이고 A, A' 같은 경우는 전체적인 구성은 같으나 곡의 다음 진행이나 종결을 위해서 일부분만 다른 경우이다. 그런데 지금까지 재즈에서 곡을 구성하는 이러한 형식들은 모두 같은 단위의 소절로 이루어져 있었다. 즉, A, B, C 모두 4소절이던가 아니면 모두 8소절이었던 것이다. 이러한 형식의 단단함으로 인해 감상자들은 처음 듣는 곡이라도 대략적인 곡의 진행을 파악하기가 그다지 어렵지 않았다.

그런데 만약 이러한 형식이 무너진다면 어떨까? 예를 들어 [A+B+C+D+E……+A] 식으로 곡이 무한정 확장하다가 갑자기 처음으로 돌아와 끝이 나버린다거나, 같은 [A+A'+B+B'] 형식이라도 [A(8소절)+A'(6소절)+B(9소절)+B'(8소절)] 등으로 그 단락을 구성하는 소절의 단위가 다르다면 어떨까? 이것은 코드의 자연스러운 진행과 상관없이 어딘가 부자연스러운 느낌을 주게 될 것이다. 그런데 프리 재즈는 기존의 형식을 파괴하고 거침없이 새로운 형식을 만들었다. 나아가 리듬의 진행마저도 4/4박자로 진행되던 곡이 중간에 잠깐 5/4박자나 3/4박자로 변했다가 다시 4/4박자로 돌아오는 식으로 자유로이 변용했으며, 곡의 조성에도 뜻밖의 순간에 변화를 주었다. 이처럼 프리 재즈에서 확실한 것은 아무것도 없다. 그렇다고 프리 재즈 연주자들이 무작정 혼란스러운 연주를 선호했다고 보면 안 된다. 이전까지 많은 재즈 연주자들이 즉흥 연주를 통해 곡의 새로움을 추구해 왔던 것처럼, 프리 재즈 연주자들 역시 새로운 형식을 통해 새로운 음악을 만들고 싶어 했을 뿐이었다. 프리 재즈의 창시자로 평가받는 오넷 콜맨(Ornette Coleman)의 첫 번째 앨범 제목이 'Free Jazz'가 아닌 'Something Else!'였다는 것은 무척이나 큰 의미를 지닌 것이다.

프리 재즈는 한 장의 앨범을 이해했다고 해서 다른 앨범까지 이해할 수 없다. 프리 재즈가 새로운 음악형식을 추구했던 것은 사실이지만, 그렇다고 기존의 형식을 바꾸고 새로운 형식에 의거해서 음악을 만들고 연주를 하자는 식의 정리된 논리를 펼친 것이 아니기 때문이다. 프리 재즈는 기존의 고정된 형식으로부터 자유로운 연주를 하자는 일종의 정신적 모토가 우선하는 사조라 할 수 있다. 그래서 곡의 형식과 연주방식에 있어서 늘 가변적인 태도를 보인다. 따라서 프리 재즈에서의 즉흥 연주는 단순히 코드와의 긴장을 통해 새로운 연주를 펼쳐 나가는 것보다는, 연주자 스스로 형식의 창조자가 되어 기존의 형식과 다른 음악을 만드는 식으로 진행된다. 그래서 프리 재즈는 연주자에 따라 음악적 내용이 확연히 차이가 나는 개인적인 성향을 띤다.

프리 재즈는 오로지 자신만의 독창적 사고에 의거한 새로운 형식을 만들어 나가면서 코드나 조성 등 기존에 음악을 구성하고 있었던 요인들에 변형을 가했다. 초기의 프리 재즈는 우선적으로 피아노를 편성에서 제거했다. 이는 피아노가 대표적인 코드 연주 악기였기 때문이었다. 그래서 오넷 콜맨 같은 경우에는 코드 대신 테마의 멜로디에서 그 느낌을 이어받아 연주하는 식으로 즉흥 연주를 진행시키곤 했다. 이처럼 코드보다 감에 의거한 즉흥 연주가 무조건 코드에서 벗어나 난해한 느낌을 주었던 것은 아니었다. 그의 즉흥 연주는 코드체계와의 관계 하에서 본다면 어긋남이 많은 연주였지만, 솔로 즉흥 연주만을 두고 보았을 때는 독자적인 선율미가 강하게 드러나곤 했다. 한편 에릭 돌피(Eric Dolphy) 같은 연주자는 겉으로 드러나는 코드진행이 있어도 즉흥 연주만큼은 그 자체의 독자적인 법칙에 의거하는 연주를 펼쳤다. 그의 연주에는 곡을 진행시키는 코드와 즉흥 연주가 의지하고 있는 코드 간에 차이가 있었다. 그리고 이러한 어긋남은 연주가 진행되는 내내 같은 거리를 유지했다. 따라서 감상의 어려움은 즉흥 연주 자체에 있지 않고 즉흥 연주와 코드진행이 서로 조화를 이루지 않는다는 데에 있었다.

작, 편곡의 강조 : 아방가르드 재즈

새로운 형식을 위한 프리 재즈 연주자들의 다양한 시도는 다시 작곡, 편곡의 역할을 증대시켰다. 특히 클래식 음악에 소양을 지닌 연주자들의 등장으로 프리 재즈에 현대음악적 요소들이 삽입되면서 즉흥 연주는 부수적인 차원으로 떨어지고 작곡, 편곡이 중심에 서는 경우가 많았다. 이렇게 작곡, 편곡이 즉흥 연주에 우선한다는 것은 프리 재즈에 관련해서 생각할 수 있는 이미지와 상반된 것이라 할 수 있다. 그래서 그 구분이 모호하긴 하지만 이러한 기획 중심의 재즈를 프리 재즈와 분리시켜 아방가르드(Avant-Garde) 재즈라고 부르기도 한다.

그런데 아방가르드 재즈에서의 작곡은 단순히 테마를 만드는 것으로 끝나지 않았다. 그보다는 곡이 어떤 식으로 진행될 것인가에 대한 전체 밑그림을 그리는 것과 같았다. 그래서 상당수의 곡들이 하나의 곡에 여러 개의 테마를 적절히 배치하여 이 테마들을 유기적으로 연결하는 식으로 만들어졌다. 그러므로 이러한 새로운 곡은 단순히 [A+A'+B+B'] 같은 형식으로 정리되지 못하는, 오히려 이러한 형식을 아예 하나의 단위처럼 생각하여 여러 개의 형식을 중첩시킨 것에 가까웠다.

작곡 단계에서부터 기존의 형식을 거부한 새로운 곡들은 상당한 숙고를 거듭한 가운데 연주자만의 완결된 독자적인 구조로 만들어졌으나, 사운드에 있어서는 기존의 곡들과는 다른 열린 느낌을 주는 경우가 많았다. 그리고 곡의 진행은 서사적인 색채가 무척 강했다. 따라서 이러한 형식의 곡들은 전통적인 비밥, 하드 밥 스타일보다 연주 자체가 중요시되지 않았고, 곡의 흐름이 어떠한 이야기를 만들어내는가가 더 중요했다. 물론 이러한 형식 위주의 곡에서도 즉흥 연주는 존재했지만,

주도적이지는 않았다. 코드체계에서 많이 벗어나는 것이었건 코드체계 안에서 안정적인 흐름을 보여주는 것이었건, 즉흥 연주는 주로 곡 안에 적절히 배치된 여러 테마들을 자연스럽게 이어주는 역할을 담당했기에, 즉흥 연주를 펼치는 연주자는 미리 설정된 곡의 방향을 늘 염두에 두어야 했다. 이처럼 즉흥 연주가 곡의 구조적인 면에 종속되었고, 또 곡 자체가 매우 정교하게 만들어졌기 때문에, 상당수의 곡들은 즉흥 연주 부분과 미리 작곡된 부분을 구분하기 어려운 경우가 많았다.

이러한 새로운 작곡 중심의 재즈는 앨범에 대한 새로운 개념을 가져왔다. 이전 하드 밥 시대까지 대부분의 앨범들은 몇 날 몇 시 어느 장소에 이러이러한 연주자들이 모여서 연주를 했다는 기록으로서의 측면이 강했다. 그래서 스튜디오 녹음이나 공연장에서의 녹음이나 그다지 큰 차이가 없었다. 모든 곡들이 연주 중심이었기 때문에 각 곡 단위의 독립성이 보장되었다. 그러나 현재 작곡 중심의 진보적인 음악들은 앨범 단위의 기획을 전제로 한다. 즉, 앨범에 주제를 설정해 놓고 각 수록곡들을 직, 간접적으로 연결한다는 것이다. 게다가 틀려서 다시 녹음하더라도 곡의 전체를 한 번에 연주했던 이전과는 달리, 설정한 방향의 완전한 표현을 위해 발전된 녹음 기술을 사용하여 믹싱 과정에서 효과를 추가하기도 한다. 따라서 이러한 스튜디오 연주를 공연장에서 똑같이 재현한다는 것은 그리 쉬운 일이 아니다.

순간적이고 자유로운 즉흥 연주

그래도 프리 재즈의 핵심은 작, 편곡이 아닌 즉흥 연주를 중심으로 새로운 형식의 자유를 추구하는 것이었다. 이는 기존의 형식에서 자유로운 즉흥 연주가 구조 자체가 됨을 의미했다. 다시 말해 미리 준비된 작곡은 아예 없거나 최소한으로 축소되고, 오로지 그 순간 연주자의 내적 흐름에 따라 연주가 진행되는 것이다. 즉, 즉흥적으로 구조와 솔로를 동시에 만들어 나가는 것이다. 이러한 연주는 만약 리더가 독창적인 감각에 의해 자유로운 솔로 연주를 펼치면 여기에 반주자들이 순간적인 반응으로 그 연주를 따르는 방식으로 진행되었다. 게다가 연주 순서, 길이 등에 대한 구체적 약속이 없었기 때문에 다른 어떤 경우에서보다 우발적인 면이 강하게 드러났다.

우발적인 즉흥 연주는 멜로디나 음악적 구조의 측면보다는 사운드 흐름을 중심으로 이루어지는 경우가 많았다. 예로 긴장감 있는 코드진행을 통해 음악의 상승과 하강이 표현되는 것이 아니라, 전체 사운드 음량의 크기에 따라 상승과 하강이 결정되는 것을 들 수 있다. 이러한 사운드 중심의 즉흥 연주에서 곡의 흐름은 에너지의 흐름과 깊은 관련이 있었다. 다시 말해 연주자의 자유로운 에너지가 분출되는 것에 따라 음악이 순간적으로 변화를 거듭하는 것이다. 예로 세실 테일러(Cecil Taylor) 같은 피아노 연주자는 완전한 즉흥으로 격노하는 듯한 에너지 분출에 따라 갑작스러운 상승과 하강, 어울리지 않는 음들의 연결로 곡의 분위기가 바뀌는 연주를 펼치곤 했는데, 그 소리는 우리가 흔히 생각하는 음악적 아름다움과는 다른 것이었다.

이와 같이 프리 재즈가 음정, 조성 등의 음악을 이루는 개별 요소보다 이들의 집합이라 할 수 있는 총체적 사운드를 중심으로 연주하게 되면서, 비밥 시대에 단순한 음악적 효과를 위해 사용되었던 변칙적인 연주가 전체 음악을 이끌어 가는 주된 요인으로 자리잡게 되었다. 그래서 연주자들은 피아노를 타악기처럼 두드리기도 하고, 색소폰을 연주하면서 음을 규정하기 어려운 동물적 포효를 닮은 소리를 만들어내기에 이르렀다. 즉, 악기 고유의 한계를 뛰어넘어 악기의 기본적 정의 자체를 새롭게 하는 연주에 도달했던 것이다. 나아가 많은 연주자들이 하나의 악기가 아닌 여러 악기를 전문적으로 다루게 되었다. 그리고 아프리카 등 그 음악체계가 다른 문화권의 악기를 사용하거나, 기존의 재즈 악기를 다른 문화권의 민속 악기처럼 연주하여 새로운 질감의 사운드를 만들어내기도 했다.

악기의 표현력을 확장하려는 시도와 함께 전통적인 반주 악기와 솔로 악기의 구분도 사라지기 시작했고, 이러한 악기 역할의 평등화는 집단 즉흥 연주로 발전되었다. 집단 즉흥 연주란 순서를 정해 놓고 돌아가면서 즉흥 연주를 하는 기존의 방식과 달리 동시에 모든 연주자가 즉흥 연주를 하는 것을 의미한다. 즉, 여러 솔로 악기들은 물론이고 베이스나 드럼처럼 리듬의 진행에 대한 책임을 지닌 악기들까지 동시에 즉흥 연주를 펼치는 것이다. 그 즉흥 연주가 연주자 간의 아무런 약속이 없는 상태에서 진행되었음은 물론이다. 따라서 집단 즉흥 연주는 한 연주자의 즉흥 연주 방식이 아니라 집단 즉흥 연주 시 각 연주자가 어떻게 그 순간에 서로에게 직관적으로 반응하는가가 좋은 음악적 결과를 얻기 위한 관건이었다.

이런 과정을 통하여 기존의 음악을 음악으로서 규정짓게 만들었던 조성, 리듬, 멜로디 등의 요소들은 하나씩 와해되어 나갔다. 그 결과 작곡도 곡의 내용을 결정하는 것이 아니라 연주의 진행 방식만을 제시하는 것으로 그 성격이 바뀌었다. 예를 들어 바리톤 색소폰 연주자 안소니 브랙스톤(Anthony Braxton) 같은 연주자는 기하학적인 도형으로 자신의 음악을 표현하곤 했는데, 이 악보에 등장하는 것은 구체적인 코드나 음들이 아니라 어떤 방향으로 연주를 할 것인가, 그 세기는 어떠할 것인가 등 음악적 내용보다 연주행위에 대한 것이었다. 다른 예로 존 존(John Zorn) 같은 경우에는 아예 작곡과 즉흥 연주 간의 새로운 관계를 설정하려는 취지로 '솔로 연주' '특정 파트만의 합주' 같은 다양한 연주행위를 의미하는 내용이 적힌 여러 장의 카드를 악보에 대신하기도 했다. 그래서 연주 당시 지휘자에 해당하는 사람이 이 카드를 무작위적으로 선정함으로써 앞으로의 연주진행 방향을 결정하곤 했다.

완벽한 연주는 정말 가능할까?

기존의 형식과 다른 늘 새로운 연주와 음악을 추구한다는 것은 프리 재즈 연주자 본인들에게도 쉬운 것은 아니다. 아무리 독창적이고 자유로운 연주였다 하더라도 다시 다른 곡을 연주해야 하는 시기에는 그 독창적이고 자유로웠던 연주가 다시 넘어야 할 과거의 벽으로 작용하기 때문이다. 즉, 매번 프리 재즈 연주자는 이전의 자신, 이전의 연주와 단절의 고통을 감수해야 한다는 것이다. 그런데 사실 이것은 불가능에 가까운 것이다. 왜냐하면 아무런 제약이 없는 즉흥 연주를 펼친다 하더라도 연주자는 무의식적으로 이전에 경험했던 음악의 영향을 받게 되기 때문이다.

실제로 프랑스의 유명한 즉흥 연주자 루이 스클라비(Louis Sclavis)는 2001년도 ECM 레이블에서의 앨범 『L'affrontement Des Prétendants』에서 「손의 기억 Mémoire de la main」이라는 곡의 작곡 동기로, 무의식에 가까운 완전 자유 상태에서 즉흥 연주를 펼치려고 했으나, 손이 저절로 기존의 연주 습관을 그대로 따랐었던 경험을 이야기했다. 그리고 여성 보컬 디 디 브리지워터(Dee Dee Bridgewater)의 경우 최근 몇 년 동안 활동을 멈추고 휴식을 가졌는데, 그 이유는 한 공연에서 자유롭게 펼쳤던 스캣이 놀랍게도 일 년 전 다른 공연에서 했던 스캣과 같은 것이었음을 발견했기 때문이었다. 이처럼 연주자들은 자신의 과거로부터 자유로울 수 없다. 진정으로 자유로운 연주는 오히려 악기에 대한 지식이 없을 때 가능할 것이다. 그러면 자신의 의도와 상관없는 음들이 나올 테니 말이다. 많은 연주자들이 악기를 새로운 방식으로 다뤘던 것도 가장 근본적인 부분만을 남겨두고 기존에 형성된 악기와 음악에 대한 지식을 버리기 위해서였을지도 모른다. 그러나 이러한 연주는 과거나 미래의 재즈와 연관성을 가질 수 없는 단발적인 퍼포먼스 이상의 의미를 지니지 않는다. 그리고 이러한 순수 즉흥 연주는 프리 재즈에서도 매우 드물다.

따라서 현실적으로 가능한 즉흥 연주는 그저 머릿속에 떠오르는 순간적인 악상을 기존 관습의 영향 여부와 상관없이 곧바로 연주로 표현하는 것이다. 즉, 기존의 조성법칙이나 연주방식을 따르더라도 모든 진행이 즉흥적이고 여기에 대해 연주자 스스로가 제약이라 생각하지 않는다면 충분히 자유로운 연주가 가능한 것이다. 이 경우에는 아무런 준비 없이 그저 연주자가 내키는 대로 연주하지만, 연주자는 그 와중에 충분히 음들의 논리적 관계를 생각하면서 연주를 펼칠 수 있다. 이것은 작곡자가 작곡을 하는 경우를 생각하면 쉽게 이해할 수 있다. 작곡자는 머릿속에 아주 우연히 떠오른 짧은 멜로디나 몇 개의 음에서 출발해 하나의 완성된 곡을 만들어 나간다. 그리고 이러한 작곡은 몇 달 혹은 며칠 동안 수정에 수정을 거듭하여 완성되는 경우가 있고, 한편으로는 악상이 떠오른 그 순간 곡의 전체가 완성되는 경우도 있다.

그렇다면 순간적으로 떠오른 짧은 악상을 그 순간 연주하고, 그 연주하는 순간에 다음 연주할 부분을 생각하면서 연주한다면 어떨까? 프리 재즈의 즉흥 연주도 이처럼 연주와 작곡을 동시에 하는 것이라 생각한다면 충분히 논리적인, 그래서 감상자들에게도 보다 더 쉽게 공감을 얻을 수 있는 즉흥 연주를 펼칠 수 있다. 그 대표적인 연주자가 바로 키스 자렛(Keith Jarrett)이다. 유명한 『Köln Concert』(ECM, 1973)를 중심으로 한 그의 즉흥 솔로 콘서트 연주들은 순간의 감정, 느낌에 충실한 자유로운 즉흥 연주이면서도 곡의 진행에서는 매우 논리적인 면을 보였다. 그래서 감상자들은 그의 연주를 공감하면서 뒤쫓을 수 있었다. 이러한 논리성은 자신의 음악적 경험을 최대한 살려 블루스, 가스펠 등 여러 음악형식들을 연주에 차용한 데 있었다. 이런 여러 음악형식들을 순차적으로 이용해 나가는 그만의 방식은 작은 형식들을 중첩시켜 나갔던 작곡 중심의 아방가르드 재즈와 유사했다. 단지 이들 형식들의 연결이 매순간 자신의 느낌을 따라 즉흥적으로 자유롭게 이루어졌다는 것이 다를 뿐이다.

미국을 넘어 세계로

한편 기존의 형식을 뛰어넘어 새로운 연주를 펼치는 것에 대한 프리 재즈의 관심은 음악 경험을 확장하는 데에 이르렀다. 마침 당시 미국에서는 흑인에 대한 인종적, 정치적 편견과 차별이 갈수록 악화되고 있었기 때문에 이를 견디지 못한 많은 연주자들이 유럽으로 건너갔다. 유럽으로 건너간 미국의 연주자들은 유럽의 음악인들과 교류하면서 유럽의 민속음악, 전통적인 클래식과 현대음악, 나아가 재즈의 원류 격인 아프리카 음악 등 다른 장르의 음악들을 재즈 속으로 끌어들였다. 이와 같은 유럽, 아프리카의 음악 전통과의 만남은 프리 재즈뿐만 아니라 재즈 자체의 개념을 확장시키는 결과를 낳았다. 이전까지의 재즈는 미국의 문화만을 반영하고 있었고 그래서 재즈는 미국 음악이라는 생각이 미국 내외적으로 지배적이었다. 그런데 아프리카와 유럽 등의 음악이 재즈와 결합되면서부터 재즈는 단순히 미국만의 음악이 아닌 세계의 음악이 되었다. 이렇게 재즈가 유럽으로 건너가면서 유럽은 ECM 레이블로 대표되는 자신들의 문화적 상황에 맞는 재즈를 양산하기 시작했고, 이로 인하여 프리 재즈는 보다 더 다양하고 세분화되었다.

집단 중심의 발전

프리 재즈는 감상자에게 기존의 음악뿐만 아니라 나아가 아름다운 것, 조화로운 것에 대한 관념을 뒤집거나 포기하고 새로운 차원에서 생각하기를 요구하는 하나의 정신에 가깝다. 프리 재즈는 무작정 내 맘대로 연주를 한다고 해서 프리가 아니다. 그보다는 기존 관념에서 벗어나 독자적인 연주를 펼치기 때문에 프리인 것이다. 때문에 프리 재즈가 구조를 무시한다고 볼 수는 없다. 오히려 그들은 누구보다 구조의 새로운 창조에 관심이 많다. 단지 그 구조가 연주자마다 다른 개별적인 성향을 보이기 때문에 구조로 들리지 않는 경우가 많을 뿐이다. 다시 말해 프리 재즈는 너무나 많은 방법론이 존재했기 때문에 오히려 프리 재즈 전체를 아우를 만한 연주방법론이 존재할 수 없었다. 그리고 이러한 다양한 방법론들은 프리 재즈 내에서 하나의 독자적인 위치를 점유하면서 프리 재즈의 폭을 보다 더 넓게 확장시켰다.

한편으로 이러한 다양화에는 재즈와 사회에 대한 생각을 공유하는 연주자들로 구성된 집단의 힘이 컸다. 이 집단이란 단순히 연주를 함께 하는 그룹을 의미하지 않는다. 연주에 있어 서로 같은 음악적 아이디어를 공감하면서, 동시에 1960년대 당시 미국 내에 편재해 있었던 인종차별에 대한 저항을 목적으로 한 연주자들의 힘의 조직을 의미한다. 이런 단체들 중 가장 좋은 예로 AACM(Association For The Advancement Of Creative Musicians)을 들 수 있다. 이들은 함께 연주를 하면서 음악적 아이디어를 교환하는 것은 물론 자신들의 음악을 독자적으로 체계화하려고 노력했으며, 이를 다시 새로운 연주자들에게 교육하려고 했다. 이와 같은 프리 재즈 연주자들의 집단화는 순수 즉흥 연주를 우발적 퍼포먼스가 아닌, 재즈의 과거와 현재를 잇는 역사성을 띤 연주로 발전시키고자 했던 의지의 반영이었다. 그러나 어느 집단도 결코 프리 재즈를 통일시키지 못했는데, 이는 이미 설명했던 것처럼 연주자의 의지와 상관없이 준수해야 하는 형식을 거부했던 프리 재즈의 태생적 한계 때문이었다.

대중의 소외

프리 재즈의 자유로운 즉흥 연주는 만들어진 음악보다 연주 과정 자체에 관심을 두는 경우가 많았다. 반면 아방가르드로 묶이는 작, 편곡 중심의 연주는 상대적으로 연주된 음악에 더 큰 의미가 있었다. 그런데 이 두 가지 방향의 예측 불가능하고 개방적인 음악들은 감상자들이 쉽게 이해하기 어려운 것이었다. 기존의 형식과 다른 새로운 형식을 지향하고, 또 매번 이것을 쇄신시켜 나가는 프리 재즈는 철저하게 연주자 중심의 음악이었다. 때문에 대중이 소외되었던 것은 당연했다. 그래서 일반 대중들의 귀에는 집단 즉흥 연주의 혼란스러운 사운드가 연주자들마저도 서로 의사소통이 되지 않는 것처럼 들렸을지 모른다. 음악의 이해와 감상이 (연주자는 둘째로 하더라도) 최소한 음악 자체와 감상자 간의 소통을 전제로 한다는 것을 생각한다면, 프리 재즈는 기존의 음악형식에 익숙한 일반 대중들에게 외계인들의 음악으로 느껴졌을 것이다. 그래서 대부분의 프리 재즈 앨범들은 상업적인 성공을 거두지 못했을 뿐더러 기존의 음반사를 통하여 앨범을 제작하는 일도 쉽지 않았다. 대부분의 프리 재즈 앨범들은 연주자나 그가 속한 단체의 자체 제작을 통하여 대중에게 조금씩 공개되었을 뿐이다.

퓨전 재즈 : 경계를 지워버린 '혼합' 재즈

지금까지 대략적으로 살펴본 재즈의 역사는 사조들의 변화를 중심으로 이루어진 것이다. 그리고 한 사조는 그 내부에서 끊임없는 새로움을 추구하다가 그 추진력이 소진될 무렵 다시 다른 사조들이 등장하면서 그 지배적 위치를 넘겨주곤 했다. 따라서 많은 내부적 변화에도 불구하고 한 사조는 독자적인 불변의 정체성을 갖고 있다. 그런데 이러한 지배 사조의 개념은 프리 재즈부터 서서히 무너지기 시작했다. 이는 스윙, 비밥, 쿨, 하드 밥으로 이어지는 사조의 흐름이 모두 연주의 방법론에 기인하고 있는 반면, 프리 재즈부터는 기존의 형식을 벗어난다는 커다란 대전제만 있다는 사실에 기인한다. 지금까지 사조가 바뀔 때마다 존재해 온 '새로운 방식으로 연주하자'라는 생각은 프리 재즈에도 이어졌지만, '이렇게 연주하자'는 지배적 방법론은 사라졌다. 연주자들은 새로운 형식의 연주를 독자적인 사고와 방법으로 현실화시킬 뿐이다.

퓨전 재즈 역시 연주방법론보다는 재즈의 가능성에 대한 새로운 사고가 우선하는 음악이다. 이처럼 연주방식 위주가 아닌 개념 중심의 사조는 모든 혁신적 변화를 사조 안에서 해결하려는 경향이 강하다. 클래식적인 느낌의 즉흥 연주가 없는 연주와 고도의 즉흥으로만 꾸며진 연주가 서로 상이한 면이 많으면서도 모두 프리 재즈로 분류되는 것이 그 실례라 하겠다. 이러한 현상은 퓨전 재즈에서도 마찬가지라서, 초기의 록 성향과 집단 즉흥 연주가 강하게 드러났던 연주와, RnB 성향으로 즉흥 연주가 거의 없고 반주마저 프로그래밍하는 연주까지, 모두 퓨전 재즈의 부류에 포함되고 있는 실정이다. 그렇다면 퓨전 재즈에서 재즈를 구성하는 개념은 어떤 것이었을까? 그것은 바로 'Fusion'이었다. 즉, 여러 상이한 음악 스타일들을 결합하여 새로운 재즈를 만들어내는 것이 퓨전 재즈의 기본 원칙이었던 것이다.

록 재즈-재즈 록

퓨전 재즈는 록 음악과 재즈가 만나면서 시작되었다. 그래서 보통 퓨전 재즈의 초기 음악을 재즈 록 혹은 록 재즈라고 부르기도 한다. 그런데 왜 하필 록이었을까? 여기에는 여러 이유가 있을 수 있다. 이미 여러 차례 언급했듯이 재즈는 제한을 뛰어넘는 자유, 예술적 지평을 확장시키려는 면과 함께 그 반대로 대중과 호흡하려는 경향이 매우 강하다. 이미 소울 음악적 성향을 수용한 연주가 하드 밥의 한 분파를 이루었음을 이전 장에서 확인한 바 있다. 퓨전 재즈가 태동할 때의 일반 대중음악계에서는 소울 음악의 인기가 하락하고 록이 큰 주류로 새롭게 자리잡고 있었다. 그리고 록 역시 재즈와 많이 다르긴 하지만 블루스를 근본으로 한다는 점에서 재즈와 통하는 부분이 있었다. 때문에 최근에는 당시 록을 주도했었고 많은 인기를 얻었던 지미 헨드릭스(Jimi Hendrix)의 기타 연주를 재즈의 범주에 넣을 수 있다는 견해가 힘을 얻고 있기도 하다.

그러나 근본적인 유사점은 갖고 있더라도 이미 록과 재즈 사이에는 다른 면이 더 많았기 때문에 록을 재즈의 범주 안으로 끌어들이는 것은 그리 쉬운 일이 아니었다. 일단 록은 리듬 연주에 있어 기존의 재즈처럼 3분법 연주를 하지 않고 정확한 2분법 연주를 하고 있었다. 게다가 이러한 2분법 연주를 기초로 박자의 강세도 2·4박에 강세를 두는 재즈와 달리 가장 일반적인 1·3박 강세를 사용했다. 드럼 연주 역시 베이스 드럼의 역할이 더 증대되었다. 재즈는 록의 이러한 특성들을 수용했다. 이는 재즈의 정의를 다시 한번 생각하게 만드는 것이었다. 왜냐하면 록의 음악적 특성을 수용한다는 것은 전통적인 의미의 스윙을 포기하는 것과 마찬가지였기 때문이다. 그래서 리듬에서 발생되는 재즈적인 긴장과 이완은 강렬한 사운드를 기반으로 규칙적으로 반복되는 드럼에 의해 끊임없는 긴장으로 바뀌었다.

한편 곡을 이루는 코드들의 구성도 매우 단순해졌고, 키보드나 기타에 의한 코드 연주 또한 기존의 즉흥 연주에 순간적으로 반응하는 불규칙적인 연주에서 매우 규칙적인 것으로 바뀌었다. 그러나 이러한 반주 위에서 진행되는 즉흥 연주는 코드들의 진행에 상관없는 독자적 진행이라 할 정도로 자유로웠는데, 그 방식은 모달 재즈에 가까운 것이었다. 그리고 이러한 즉흥 연주는 새로운 멜로디의 창조보다는 곡의 진행에 적합한 분위기를 만드는 데에 더 집중되는 경향을 보였다.

새로운 질감의 사운드

퓨전 재즈는 리듬과 코드, 반주, 즉흥 연주 등에서 전통적인 비밥의 양식과 차이를 보이는 새로운 연주를 펼쳤지만, 그렇다고 퓨전 재즈가 이러한 연주방법론 자체에 관심을 갖고 시작되었던 것은 아니었다. 마일스 데이비스가 퓨전 재즈라는 새로운 사조를 만들게 되었던 것은 사운드의 질감을 변화시키려는 욕구 때문이었다. 마일스 데이비스는 이미 1968년경부터 새로운 편성과 그로 인한 사운드의 변화된 느낌에 더 많은 관심을 보였다. 이는 허비 행콕(Herbie Hancock) 등에 의해 연주되었던 펜더 로즈(Fender Rhodes) 같은 일렉트릭 피아노를 편성에 도입했던 것으로 확인할 수 있다. 일렉트릭 피아노의 새로운 추가는 악기 편성의 변화만을 유발했던 것이 아니라 사운드의 질감에 변화를 가져왔다. 물론 그 때까지 모든 연주들은 하드 밥의 양식에서 크게 벗어나지 않았다.

그 와중에 마일스 데이비스는 대중들이 열광하고 있었던 록 음악을 듣게 되었는데, 그 감상에서 한 대의 일렉트릭 기타가 만들어내는 강렬하고 거대한 사운드에서 큰 매력을 느꼈다. 그래서 강력한 전자 기타 사운드가 가미된 앨범을 녹음했는데, 그 앨범이 바로 『Bitches Brew』(Columbia, 1970)였다. 사운드 질감의 새로운 창조를 위해 록 음악을 받아들였던 만큼 이 앨범의 사운드는 록처럼 강렬했지만, 연주의 진행에 있어서는 당시 유행하고 있었던 프리 재즈의 집단 즉흥 연주적인 면이 더 강했다.

축소되는 즉흥 연주

마일스 데이비스가 록과 재즈의 결합을 결심했던 것은 재즈 사운드의 질감을 록을 통해 새롭게 하려는 의도 때문이기도 했지만, 록에 대한 대중들의 열광적 반응의 영향도 컸다. 어쩌면 마일스 데이비스는 스윙 시대 이후 사라진 대중들의 전폭적인 호응을 되살리고 싶었는지도 모른다. 그리고 실제 이러한 의도만큼이나 마일스 데이비스의 퓨전 재즈는 당시까지 재즈를 모르고 있었던 젊은 대중들에게 상당한 호응을 얻었다. 그리고 『Bitches Brew』 앨범에 참여했던 웨인 쇼터(Wayne Shorter), 존

매클러플린(John McLaughlin), 칙 코리아(Chick Corea) 같은 연주자들도 각각 웨더 리포트(Weather Report), 마하비시누 오케스트라(Mahavishnu Orchestra), 리턴 투 포에버(Return To Forever) 등의 퓨전 재즈 그룹을 결성해 활발한 활동을 하면서 대중적인 인기를 이어 나갔다. 이 당시까지만 해도 즉흥 연주는 퓨전 재즈의 중요한 부분을 이루고 있었다.

그러나 1980년대로 접어들면서 록이 대중음악의 최고 자리에서 물러나게 되자 퓨전 재즈 역시 변화를 겪었다. 초기의 록적이던 성향은 팝적인 성향으로 바뀌었고, 지금은 RnB나 힙합, 심지어는 단순하고 강박적인 리듬만이 지배하는 테크노적인 성향이 강하게 드러나는 음악으로까지 바뀌었다. 이렇게 대중음악과 밀접한 관련을 맺으면서 진행되었던 퓨전 재즈는 시간이 경과할수록 상업적인 이유로 인해 즉흥 연주를 축소시키고 부드러운 분위기를 강조하는 방향으로 변모해 나갔다. 게다가 최근에는 리듬 연주를 컴퓨터 프로그래밍에 맡기면서 그룹 연주의 개념마저 사라지고, 솔로 연주자가 테마 멜로디를 부드럽게 연주하는 방식이 강력하게 등장하고 있는 추세이다. 이로 인해 리듬 연주에 있어서 스윙을 포기하고 이제 즉흥 연주까지 포기해버린 퓨전 재즈를 과연 재즈라 정의할 수 있을 것인가에 대한 많은 의문들도 제기되고 있는 실정이다. 실제 일반 대중음악 같은 퓨전 재즈와 재즈적인 대중음악(Jazzy Pop)들이 많이 등장하면서 이 둘을 구분하는 것은 매우 힘들게 되었다. 이제 재즈냐 아니냐를, 어쩌면 단순히 재즈 악기의 대명사인 색소폰이나 트럼펫의 등장 유무로 결정해야 할지도 모른다.

퓨전 재즈와 프리 재즈

지금까지 살펴본 퓨전 재즈의 모습은 갈수록 재즈 본연의 맛을 잃어버리는 것 같은 인상을 준다. 설령 변화가 재즈의 힘이라고 생각하더라도 이런 진행 방향은 그다지 긍정적으로 생각되지 않는다. 실제 퓨전 재즈는 상당 부분 창조적인 능력을 상실했다. 이는 대중들의 기호를 연주자의 개성보다 우선했기 때문이다. 비밥이나 프리 재즈가 지나치게 연주자 중심으로 진행되어 감상자가 소외되었다면, 현재의 퓨전 재즈는 연주자에게 자기표현을 자제할 것을 요구한다. 그래서 퓨전 재즈는 연주자의 개성이 잘 드러나지 않을 뿐더러 작, 편곡과 연주에 있어서도 일반 대중음악만큼이나 보이지 않는 패턴이 존재하는 것만 같다. 그러면서 '퓨전'이라는 단어가 지니고 있는 혼합의 의미도 이제는 그리 유효한 것으로 보이지 않는다. 몇 년 전부터 퓨전 재즈를, 분위기 있는 카페나 심야 라디오에서 흘러나오는 음악을 의미하는 경향이 강한 스무드 재즈(Smooth Jazz)로 새롭게 부르고 있다는 것이 이를 증명한다.

그러나 퓨전 재즈의 모습이 단지 스무드 재즈의 형태로만 남아 있는 것은 아니다. 퓨전 재즈는 특정 연주방법보다는 재즈에 대한 새로운 사고와 관련되어 있는 것이기에, 퓨전 재즈가 이후에 진행되었던 여러 스타일의 재즈에 영향을 주었음을 무시할 수 없다. 특히 퓨전 재즈의 일부는 같은 시대에 재즈의 다른 한편에서 독자적으로 재즈에 대한 확장을 시도하고 있었던 프리 재즈의 흐름과 깊은 관련을 맺으면서 현대 재즈의 다양화에 큰 역할을 했다. 이러한 관련성은 두 사조 간에 음악적 유사성이 있었기 때문이 아니라, 그보다는 두 사조 모두 재즈를 새로운 방향으로 진행시키기 위한 음악적 실험에 개방적인 태도를 보였기 때문이었다. 특히 프리 재즈가 형식 확장 과정에서 민속 음악적 요소를 도입하여 세계적인 음악으로 탈바꿈시킨 것과 퓨전 재즈가 록과 재즈의 혼합에만 그치지 않고 다른 장르, 다른 문화의 음악을 흡수하고 혼합했던 것은, 동기는 다를지 몰라도 진행에서는 같은 것이다.

이처럼 두 사조 간에는 하나의 음악이 관점에 따라 프리 재즈와 퓨전 재즈로 구분될 정도의 음악적 교차점이 존재한다. 대표적인 경우가 바로 독일의 재즈 레이블 ECM의 음악들일 것이다. 이 레이블에서 발표되는 음악들은 대부분 프리 재즈의 새로운 구조에 대한 개방성을 보이고 있으며, 상이한 음악 요소들을 공존시키는 것에 주저하지 않는다. ECM을 통해 앨범을 발표했던 연주자들은 여러 재즈 사조를 가로지르면서 현대 재즈의 복잡 다양한 변화를 이끌어 나가고 있다. 사조의 구분 없이 모든 재즈가 만나는 지점이 바로 ECM이라고 할 수 있을 것이다.

현대 재즈의 다양한 지형도

이제 현재의 재즈를 이야기 할 때가 왔다. 그러나 현재의 재즈는 한마디로 정의하기가 힘들다. 아직 현재의 재즈가 진행중인 만큼 역사적 평가와 정리가 불가능한 것은 당연한 일이겠지만, 그럼에도 불구하고 한 가지 확실한 사실은 현대 재즈에는 더 이상 지배 사조가 없다는 것이다. 여기에는 몇 가지 이유가 있다. 우선 연주방법론보다 재즈에 대한 새로운 개념을 우선시했던 프리 재즈와 퓨전 재즈를 거치면서, 더 이상 연주자들이 시대 장악력을 지닌 강력한 연주 스타일을 필요로 하지 않는다는 점을 들 수 있다. 그리고 이러한 스타일의 개인화에는 현재의 젊은 연주자들이 단순히 재즈의 고전뿐만 아니라 록, 테크노 등 다양한 대중음악들을 함께 들으며 성장했다는 것이 원인으로 작용한다.

한편 지금까지의 재즈 역사가 생성과 소멸이 아닌 공존의 모습을 보여주었던 만큼 현재, 재즈의 여러 사조들이 공존하고 있으며, 또 이들 간의 결합을 통하여 다시 새로운 연주의 흐름이 시시각각 탄생하고 있다는 것도 현재의 재즈를 한마디로 정의할 수 없게 만든다. 게다가 이러한 다양화와 세분화의 속도는 시시각각 변한다고 해도 과언이 아닐 정도로 갈수록 더 빨라지고 있는데, 이는 매번 자기 쇄신을 통해 새로움을 추구하는 재즈의 특성상 당연한 결과라 하겠다. 끝으로 연주자들의 개인화만큼이나 다양해진 대중의 취향 역시 무시할 수 없다. 특히 음반 산업이 상업성을 중심으로 돌아가면서, 시장 논리에 의해 소외된 재즈 연주자들의 대부분은 처음부터 많은 대중들을 생각하지 않고 극소수의 마니아층만을 위해 연주하고 앨범을 제작하는 경우가 많아졌다.

그런데 이렇게 정의하기 어려울 정도로 다양해진 현대 재즈의 모습과는 달리, 아직도 많은 일반 대중들은 재즈의 전형적인 모습을 흥겨운 분위기의 빅밴드 스윙이나, 코드체계와 즉흥 연주 간의 긴장이 지배하는 비밥, 하드 밥 등의 연주에서 찾곤 한다. 현재까지도 스윙을 연주하는 새로운 앨범이 발매되고 있고, 밥이 1980년대 초반 신전통주의를 거쳐 현재 포스트 밥(Post Bop)의 형태로 존속되고 있는 것은 사실이지만, 이것은 이제 재즈의 극히 작은 일부분에 지나지 않는다.

포스트 밥

전통적인 비밥의 양식이 가장 잘 살아 있는 것이 바로 포스트 밥이다. 이를 위해서는 신전통주의(New Traditionalism)를 이야기해야 한다. 신전통주의는 재즈의 영역이 점점 더 넓어지면서 재즈 내의 흑인적 정서가 희석되는 것에 자극을 받아 재즈의 정통성을 새로이 확립하고자 트럼펫 연주자 윈튼 마샬리스(Wynton Marsalis)의 주도 하에 생겨났던 흐름이다. 그래서 신전통주의 연주들은 전통적인 비밥 스타일의 재즈를 새롭게 재현해내는 것을 목적으로 삼았으며, 이러한 작업들은 미국 내에서 높은 평가를 받았다. 그러나 한편으로는 재즈의 종주국으로서 미국의 위치를 확인하려는 듯한 국수주의적 성격 또한 강했기 때문에, 그 성과만큼 반론도 많았다. 심지어 마일스 데이비스 같은 연주자도 신전통주의에 대해 그다지 호의적인 태도를 보이지 않았다. 그럼에도 불구하고 신전통주의가 많은 새로운 연주자들을 다시 비밥의 영역으로 끌어들였다는 점은 무시할 수 없는 부분이다. 물론 이 새로운 연주자들은 윈튼 마샬리스의 신전통주의를 그대로 따르지 않았다. 이들은 단순히 비밥의 전통을 새롭게 부활시키는 것에 머무르지 않고 비밥을 현재의 시점에서 새로 정의하기를 원했다. 그래서 프리 재즈의 형식에 대한 개방성을 받아들여 자신들의 음악적 경험에 의거한 새로운 비밥 스타일을 연주해 나갔다. 이것이 바로 포스트 밥이다.

포스트 밥은 즉흥 연주에 있어서는 전통적인 비밥 스타일을 계승한다. 그러나 이미 재즈의 모든 사조들을 이해한 만큼 포스트 밥의 즉흥 연주는 보다 더 여유롭고 대담하게 구조를 넘나드는 모습을 보인다. 그래서 다수의 포스트 밥 연주는 프리 재즈 이상으로 구조에서 벗어나는 즉흥 연주를 들려주곤 한다. 작곡에 있어서도 전통적인 블루스의 흔적이 그리 많이 발견되지 않으며, 테마를 제시하고 즉흥 연주가 이를 이어받는 단순한 구조에서 벗어나 여러 작은 테마들이 중첩되어 복잡하게 진행되는 진보적인 형식의 곡들도 많다. 게다가 최근에 유행하는 록 음악이나 일렉트로 뮤직 등의 요소를 효과적으로 재즈와 결합하여 보다 더 파격적인 사운드를 만들어내기도 한다. 이처럼 포스트 밥은 즉흥 연주의 차원에서는 전통적 비밥의 양식에 근접하지만 구조적인 측면에서는 프리 재즈나 아방가르드 재즈처럼 형식에 개방적인 태도를 보인다. 그러므로 포스트 밥의 '포스트'는 비밥을 계승한다는 '후기(後期)'의 의미와 함께 비밥에서 벗어난 음악이라는 '이탈(離脫)'의 의미로도 해석이 가능하다. 그래서 연주자에 따라 프리 재즈와 포스트 밥을 오가며 활동하기도 하는데, 때문에 프리 재즈인지 포스트 밥인지 구별하기 어려운 연주도 많다. 그러나 일반적으로 포스트 밥은 현재 새롭게 연주되는 전통적 비밥 스타일의 연주까지 포괄하는 넓은 의미로 사용되는 경향이 강하다.

다양한 진보적 흐름

프리 재즈의 즉흥성을 이어 받은 흐름 또한 현대 재즈에 있어서 빼놓을 수 없는 부분이다. 이 흐름들은 이미 1960~1970년대 프리 재즈가 그랬던 것처럼 하나로 묶기 어려울 정도로 매우 다양하게 전개되고 있다. 그중 최근에 주목할 만한 성향의 하나는 연주보다는 아이디어를 중요시해서 연주와 그에 따라 발생하는 사운드를 우발성에 전적으로 맡기는 것이다. 사실 이러한 경향들은 그 결과에 대해서는 그다지 큰 관심이 없는 듯하다. 그 아이디어가 정말 음악적으로 유효한가에 대해서만 더 관심을 갖는 것 같다. 이러한 음악에서의 즉흥 연주들은 음악적 차원을 넘어, 갈수록 퍼포먼스적인 성향을 보인다는 것이 특징이다. 이와 함께 극단적인 경우 전통적인 조화와 균형의 소리가 아닌 우연적이고 개연성을 지니지 못한, 그저 소음이라고밖에 할 수 없는 소리들로 음악이 만들어지기도 한다. 과거 LP음반을 재생하는 데 사용되었던 턴테이블이 악기의 차원에서 연주되는 것이 좋은 예이다. 그래서 단순히 음악만을 담은 앨범이 아닌, 책을 첨부한다거나 아예 앨범을 대신하여 그 연주의 순간을 비디오에 담는 경우도 많다. 그러나 이러한 흐름들은 하나로 묶이지 못해 개별적으로 산재된 양상을 낳을 뿐더러 극히 소수의 애호가들에게만 향유된다는 난점을 안고 있다. 그럼에도 즉흥 연주에 대해 순수한 열정을 가진 이 진보적인 흐름은 계속 새로운 모습으로 지속될 것이다.

일렉트로 재즈

한편 재즈는 여전히 대중음악의 흐름에 민감한 반응을 보이고 있다. 그중 힙합 음악과 관련을 맺고 1990년대 중반에 시작되었던 애시드 재즈(Acid Jazz)와, 테크노 음악과 관련을 맺고 2000년대 재즈의 중요한 화두로 떠오르고 있는 일렉트로 재즈(Electro Jazz)가 대표적인 예이다. 이 새로운 스타일의 특징은 샘플링의 사용에 있다. 샘플링은 현재 테크노를 중심으로 한 대중음악에서는 악보상의 음표와도 같은 역할을 하고 있는 것으로, 기존에 존재하는 소리의 단편을 말한다. 그것은 어느 음악의 한 소절일 수도 있고 리듬 패턴의 한 마디일 수도 있다. 이 소리의 단편을 사용하여 음악을 만들어 나가는데, 이미 결정된 소리들을 조합하는 것이기 때문에 이들 음악은 규칙적이며 때로는 단순한 리듬을 갖는다.

그리고 이 새로운 스타일의 음악은 재즈를, 연주하는 음악이 아닌 조합하는 음악으로 바꾼다. 그래서 전문적인 음악 이론보다 컴퓨터 프로그램에 대한 지식을 가진 DJ들이 이러한 음악들을 양산해내고 있다. 이 새로운 음악 안에서 즉흥 연주는 통제와 제어의 대상이 된다. 그 결과 '일렉트로 재즈가 과연 재즈인가?'라는 의문이 제기되기도 한다. 즉, 재즈라기보다는 재즈를 소재로 한 테크노 음악이 아니냐는 것이다. 그러나 샘플링이긴 하지만 재즈적인 분위기가 강하게 느껴지는 곡들이 많기 때문에 이러한 의문에 무조건 동조할 수만도 없다.

물론 샘플링을 통해 준비된 리듬 위에서 즉흥 연주가 진행되는 경우도 있다. 이는 테크노 음악의 DJ들이 아닌, 재즈 연주자들이 직접 만든 일렉트로 재즈곡에서 발견된다. 특히 몇몇 연주자들은 자유롭게 즉흥 연주를 펼치고, 다시 그 즉흥 연주를 샘플링하여 재단하는 방법을 사용하기도 한다. 이렇게 즉흥 연주가 가미된 곡은 즉흥 연주가 더 중요하게 부각되고 일렉트로 사운드가 부수적인 차원으로 사용되기 때문에 또 다른 의문을 제기하게 만든다. 그 의문이란 '이 새로운 음악이 재즈 내에 고정된 하나의 스타일이라기보다는 과거 모달 재즈처럼 여러 재즈 스타일에 적용될 수 있는 방법이 아닌가'라는 것이다. 이것은 마일스 데이비스가 일렉트릭 피아노나 일렉트릭 기타의 사용으로 새로운 질감의 사운드를 얻으려 했던 것처럼, 현재 아방가르드 등의 여러 재즈에서 새로운 창조적 표현을 위해 일렉트로 음악의 분위기를 차용하는 것이 유행처럼 번지고 있기 때문이다. 실제로 다른 양식의 재즈에서 일렉트로 사운드의 도입은 초기에는 하나의 색다른 효과에 그쳤지만, 최근에는 매튜 쉽(Matthew Shipp) 같은 연주자들이 공개적으로 테크노 사운드와 리듬을 사용하는 것에서 볼 수 있는 것처럼 보다 적극적으로 사용되고 있는 실정이다. 아무튼 이 흐름은 아직 진행중이기 때문에 뭐라고 정의를 내리기에는 다소 이르다. 그러나 일렉트로 재즈와 기존 재즈의 일렉트로 뮤직의 도입 현상은 각기 그대로 당분간 지속되리라 예상된다.

즉흥 연주가 없는 재즈

한편 클래식에 가까울 정도로 작곡이 중심이 되고, 이에 따라 즉흥 연주가 개입될 여지가 없는 음악이 재즈의 영역에 포함되고 있다는 것도 이채로운 사실이다. 이는 이미 프리 재즈 시대에서 확인했던 것처럼 진보적인 재즈의 흐름 속에서도 발견된다. 이 경우는 클래식의 현대음악과 매우 유사한데, 새로운 형식에 대한 추구를 끝까지 밀고 나간 결과라 할 수 있다.

여기에 현재 개별 장르로서 독자적인 진행을 보이고 있는 뉴에이지 성향의 재즈 또한 즉흥 연주가 배제되는 경향이 강하다. 이 역시 곡의 분위기와 작곡이 우선시된 결과라 할 수 있는데, 사실 이러한 음악은 즉흥 연주를 의도적으로 제외했다기보다는 미리 설정한 분위기를 위해 구조에서 크게 벗어나지 않는 즉흥 연주를 하는 과정에서 생긴 결과에 가깝다.

이 외에 퓨전 재즈의 새로운 스타일인 스무드 재즈에서도 즉흥 연주가 그리 많이 드러나지 않는다. 이는 스무드 재즈라는 용어가 심야 라디오 프로에 소개되는 부드러운 음악들에서 나온 만큼, 음악보다 그 음악이 만들어내는 분위기를 우선적으로 생각하기 때문에 생긴 결과다. 그래서 스무드 재즈에서 즉흥 연주를 한다고 하더라도 그 연주는 매우 정형화된 면을 보인다.

현재 진행형인 재즈

재즈는 정해진 틀을 벗어나려는 즉흥 연주와 이를 가두려는 구조와의 긴장을 통해 진행되었다. 그 긴장관계는 무조건 즉흥 연주를 우위에 두는 진행이 아니었으며 반대로 구조가 즉흥 연주를 무조건 통제하는 진행도 아니었다. 오로지 즉흥 연주와 구조 사이를 끊임없이 오가는 흔들림이 재즈를 앞으로 진행시켜 현재의 모습으로 이끌었다. 따라서 현재의 재즈에 대한 정의는 과거의 재즈와 다르게 정의될 수 있다.

과거에는 재즈의 성립요건으로 스윙감을 우선으로 생각했다. 스윙하지 않으면 재즈가 아니었던 것이다. 이후 비밥 시대부터는 스윙감 외에 즉흥 연주가 없으면 재즈가 아니었다. 그리고 프리 재즈부터는 오로지 즉흥 연주가 재즈의 조건이 되었다. 스윙은 필수적이지 않았다. 그러나 현재의 재즈는 이제 내부에서 다양한 하위 스타일이 세분화됨에 따라 한마디로 정의하기가 곤란해졌다. 이제 '재즈'라는 말은 특정한 음악형식을 지칭하는 용어에서 창조적인 무엇이라고밖에 표현할 수 없는 추상적인 개념으로 바뀌었다.

이와 함께 재즈는 단순히 미국의 음악으로만 생각할 수도 없게 되었다. 최근의 흐름을 보면 과거 미국을 대표하는 문화로 재즈가 거론되었었지만, 미술과 패션 등이 유럽에서 미국으로 그 중심이 이동하면서 재즈는 이제 미국에서 전통음악 이상의 지위를 지니지 못하고 있는 것 같다. 반면 재즈를 받아들인 유럽에서는 국가적인 지원 등을 통해 재즈를 새로이 각국의 대표적인 문화 분야로 격상시키고 있다. 그 옛날 블루스와 가스펠 등의 향취로 가득했던, 미국 하층민들의 고뇌가 느껴졌던 재즈의 모습은 이제 세계 각국의 민속적, 음악적 전통과 만나면서 새롭게 바뀌었다. 그러면서 재즈는 흑인보다 백인에 의해 향유되고 유지되는 경향이 강하다. 실제로 많은 공연장에는 흑인 연주자들을 보러 온 백인 관객들로 가득 차는 경우가 많다. 그리고 흑인들은 이제 재즈보다 힙합 등의 다른 대중음악에서 그들만의 정서를 찾는다.

현재 우리의 재즈에 대한 인식은 재즈의 현실과 상당한 거리가 있다. 막연히 재즈는 자유다, 열정의 음악이다, 흑인의 음악이다라는 말들이 재즈 전체에 대한 깊은 감상을 수반하지 않은 채 구름처럼 세인의 입을 타고 돌아다닌다. 그리고 많은 사람들은 재즈를 지나간 시대의 것, 그래서 향수를 불러일으키는 대상으로만 생각한다. 그러나 재즈는 현재에도 모든 종류의 음악을 흡수하고, 또 영향을 끼치고 있다. 연주자들은 아직도 새로운 그들만의 연주, 음악을 만들기 위해 노력한다. 그들은 단지 지나간 과거를 그리워하기 위해 연주하거나 곡을 만들지 않는다. 이 책에 서술된 여러 재즈 사조들의 흐름이 이를 입증한다. 재즈는 아직도 낯선 곳을 향해 진행중인 음악이다.

큰글자 살림지식총서 118

재즈

펴낸날	**초판 1쇄 2015년 5월 28일**
지은이	**최규용**
펴낸이	**심만수**
펴낸곳	**(주)살림출판사**
출판등록	**1989년 11월 1일 제9-210호**
주소	**경기도 파주시 광인사길 30**
전화	**031-955-1350** 팩스 **031-624-1356**
기획 · 편집	**031-955-4671**
홈페이지	**http://www.sallimbooks.com**
이메일	**book@sallimbooks.com**
ISBN	978-89-522-3133-8 04080

※ 이 책은 큰 글자가 읽기 편한 독자들을 위해
글자 크기 15포인트, 4×6배판으로 제작되었습니다.